मुहाजिरनामा

मुनव्वर राना

वाणी प्रकाशन

वाणी प्रकाशन

4695, 21-ए, दरियागंज, नयी दिल्ली 110 002

शाखा

अशोक राजपथ, पटना 800 004

फ़ोन: +91 11 23273167 फ़ैक्स: +91 11 23275710

www.vaniprakashan.in
vaniprakashan@gmail.com

MUHAJIRNAMA
by Munawwar Rana

ISBN : 978-93-5000-888-1
Ghazals

प्रथम संस्करण 2011
आवृत्ति संस्करण 2015
मूल्य : ₹ 295

शुभम् ऑफसेट, दिल्ली-110 032 में मुद्रित

वाणी प्रकाशन का लोगो मक़बूल फ़िदा हुसेन की कूची से

प्रस्तावना

मुहाजिर नामे को मेरी तस्नीफ़ के बजाए
एक ऐसे नौ-मश्क़ मुसव्विर का अलबम समझा जाए
जो ब्रुश के बग़ैर उल्टे-सीधे रंगों की बे-तरतीब
आमेज़िश से
एक ऐसी तस्वीर बनाना चाहता है
जिस में सारा ख़ानदान एक जगह दिखाई दे
जब वह तस्वीर में एक मुकम्मल ख़ानदान देखना चाहता है तो
उसे अपनी आँखों की चमक बढ़ती हुई महसूस होती है
लेकिन जैसे ही वह हथेली की लकीरों की तरह
कटा-पिटा ख़ानदान देखता है
तो अचानक उसकी आँखों की रोशनी का दिल बैठने लगता है
अब यह तो तस्वीरों की बदक़िस्मती है कि
वह एक ऐसे गँवार मुसव्विर की तक़दीर बन गयी
जिसके पास सिर्फ़ एक ही तरह का रंग मौजूद था
वह भी अमावस की रातों की तरह काला बहुत काला!
उसने तस्वीरें उभारते हुए दूसरे रंगों की तरफ़ भी देखा
लेकिन हर खिलखिलाते हुए रंग का चेहरा
मुसव्विर की निगाह पड़ते ही सियाह हो जाता था
उस तस्वीर में थोड़ा सा भी अपनापन मौजूद है या नहीं
इसका फ़ैसला तो सिर्फ़ पढ़ने वाले ही कर सकते हैं
लेकिन मुसन्निफ़ पूरे यक़ीन और ईमानदारी के साथ
यह अर्ज़ करना चाहता है कि

जब इक्कीसवीं सदी में
पूरी दुनिया को एक गाँव क़रार दिया जा सकता है
तो फिर मुसन्निफ़ की बरसों से बे-ख़्वाब पड़ी आँखों को भी
ख़्वाब देखने की इजाज़त मिलनी चाहिए न
तो यह वज़ाहत भी ज़रूरी समझता हूँ कि
मैं सियासत-दाँ हूँ न सरकारी वज़ीफ़ा-ख़्वार
न दरबारी शायर
न साहब न मुसाहिब
न क़सीदा गो न हजविय्यात तख़लीक़ करने वाला
न ग़ालिब का तरफ़दार न मीर की तरह आदम बेज़ार
न एज़ाज़ व इकराम का तमन्नाई और तलबगार
लेकिन हाँ! यह ख़्वाहिश दिल के निहाँख़ाने में कहीं न कहीं
ज़रूर मौजूद है कि
दुनिया से मेरी रुख़्सती की ख़बर सुनकर
अगर कोई एक शख़्स भी दस्तरख़्वान से
बग़ैर खाना खाए उठ जाता है
तो यह मामूली सा शायर
दुनिया के सब से बड़े एज़ाज़ का मालिक हो सकता है

मुनव्वर राना

हम खुद उधड़ने लगते हैं तुरपाई की तरह

मुनव्वर राना

अप्रैल २००८ में पाकिस्तान का सफ़र बड़ा दिलचस्प था। वहाँ शहरे-क़ायद का एक अंतरराष्ट्रीय मुशायरा होता है। जिसमें लगभग सारी दुनिया से शायर बुलाए जाते हैं। दो तीन बरस से हिन्दी शायरी की नुमाइंदगी के लिए हिन्दी ज़बान के शोअरा भी सफ़र में शामिल रहते हैं। इस बार हिन्दी ग़ज़ल के मुस्तनद दस्तख़त समझे जाने वाले डा० कुँवर बेचैन भी शामिल थे। गुज़िश्ता बरस शहरे-क़ायद के आलमी और कराची के दूसरे मुशायरों में भी हिन्दी शायरी की नुमाइंदगी के लिए डा० अशोक चक्रधर और हिन्दी ग़ज़ल के बा-सलाहियत शायर दीक्षित दनकौरी शामिल थे। यह खुशगवार अदबी इज़ाफ़ा हिन्द-पाक दोस्ती की तरफ़ बढ़ता हुआ एक क़दम तसव्वुर किया जा सकता है। हिन्दी कवियों को वहाँ जितना एहतराम और इज़्ज़तें मिलीं, उसको देखकर डा० अशोक चक्रधर तो इतने जज़्बाती हो गये कि एक दिन बाक़ायदा आँसुओं से रोने लगे थे। पाकिस्तान में मुशायरा अभी तक पेशा नहीं बन सका है। इसका शुमार फुनूने-लतीफ़ा में ही होता है। शहरे-क़ायद के मुशायरे से मिलाकर वहाँ के मुख़्तलिफ़ इदारे अपने यहाँ भी मुशायरे मुनअक़िद करते हैं। बज़्म-ए-सादात-ए-अमरोहा भी एक आलीशान मुशायरा मुनअक़िद करती है। मेरे हिसाब से शेर की रूह तक पहुँचने में जितने सादात-ए-अमरोहा के सुनने वाले कामयाब होते हैं, उतनी रसाई अब दुनिया के किसी भी मुशायरे के सामईन का नसीब नहीं है। आलमी मुशायरे के तीसरे चौथे दिन यह मुशायरा धूम-धाम के साथ मुनअक़िद होता है। इस बरस भी यह मुशायरा अपनी कामयाबी की मंज़िल की तरफ़ निहायत बावक़ार तरीक़े से रवाँ-दवाँ था। मुशायरा इख़्तितामी मंज़िल से गुज़र रहा था, प्रोफ़ेसर वसीम बरेलवी और मुझे पढ़ना था। मैं स्टेज से वाश-रूम

की तरफ़ सिगरेट पीने की ग़रज़ से उठकर चला आया और एक गोश-ए-आफ़ियत में सिगरेट के धुएँ से अपने फेफड़ों को दाग़दार बनाने में मसरूफ़ था कि एक साहब ने आकर अपना तअर्रुफ़ कराते हुए फ़रमाया कि मुझे साजिद रिज़वी कहते हैं। थोड़े से वक़्फ़े के बाद उन्हों ने फ़रमाया कि राना साहब परसों हैदराबाद सिन्ध का आलमी मुशायरा है। आपको इस में तशरीफ़ लाना है। मैंने उनसे अपनी सेहत की ख़राबी का उज़्र पेश करके मअज़रत तलब की,लेकिन वह अपनी बात पर बज़िद रहे। मेरे बार-बार इंकार करने पर शायद उन्होंने यह महसूस किया कि मुशायरे-बाज़ शोअरा की तरह मैं भी अपनी क़ीमत के शेयर बाज़ार में उछाल लाने की कोशिश कर रहा हूँ। मेरे मुस्तक़िल इंकार करने पर अचानक उन्होंने एक ऐसी बात कही जो उन्हें हरगिज़ नहीं कहनी चाहिए थी, लेकिन ज़रूरत मन्द की अपनी मजबूरियाँ होती हैं। उन्होंने मुझसे फ़रमाया कि राना साहब आज सादाते-अमरोहा के मुशायरे में आपको जितना नज़राना मिल रहा है, हैदराबाद सिन्ध में आपको इसका दुगना नज़राना पेश किया जाएगा। मुझे उनकी यह कारोबारी गुफ़्तगू अच्छी नहीं लगी। लिहाज़ा मैंने निहायत खुश्क लहजे में उनसे कहा, कि जनाब आप ने बहुत कमज़ोर बात कह दी। वह साहब भी शायद अपनी फेंकी हुई गेंद की कमज़ोरी भाँप गये थे। उन्होंने सरापा मअज़रत बनकर शर्मिन्दगी का इज़हार किया तब तक मैं अपना नाम पुकारे जाने के ख़्याल से स्टेज की जानिब चला आया और १९४७ से आज तक की एक नुमायाँ तस्वीर मेरे सामने खड़ी होकर मुझे मुँह चिढ़ाने लगी। मैंने स्टेज पर बैठे बैठे एक नई ग़ज़ल के चन्द शेर कहे और स्टेज पर चुपचाप बैठ गया। नाज़िमे-मुशायरा के हुक्म पर मैं उस माइक के पास आकर बैठ गया जिसकी मदद से मुझे अपने शेर सामईन की मुन्तज़िर समाअतों तक पहुँचाने थे। मैंने अभी कुछ देर पहले गुज़रे हुए इस वाक़ए को सामईन की समाअतों तक पहुँचाया, फिर अपनी बात जारी रखते हुए यह भी अर्ज़ किया कि इस ग़ैर शायराना हादसे के पेशे-नज़र मैंने अभी स्टेज पर बैठे-बैठे कुछ अशआर कहे हैं। अगर आप हज़रात इजाज़त दें तो मैं इन नये अशआर को सुनाते हुए अपने

कलाम की इब्तिदा करूँ। सामईन की भरपूर ताईद व हिमायत के बाद मैंने यह कहकर मतला पढ़ा कि मेरी तरफ़ से यह मतला मोहतरम साजिद रिज़वी की ख़िदमत में अर्ज़ है और मुहाजिरीने-पाकिस्तान की तरफ़ से यही मतला हुकूमते-पाकिस्तान की नज़्र है।

मुहाजिर हैं मगर हम एक दुनिया छोड़ आए हैं
तुम्हारे पास जितना है हम उतना छोड़ आए हैं

मुहाजिर कह के दुनिया इसलिए हमको सताती है
कि हम आते हुए क़ब्रों में शजरा छोड़ आए हैं

अभी तक बारिशों में भीगते ही याद आता है
कि हम छप्पर के नीचे अपना छाता छोड़ आए हैं

ये हिजरत तो नहीं थी बुज़दिली शायद हमारी थी
कि हम बिस्तर पे इक हड्डी का ढाँचा छोड़ आए हैं

किसी की आरज़ू के पाँव में ज़ंजीर डाली थी
किसी की ऊन की तीली में फंदा छोड़ आए हैं

भतीजी, अब सलीक़े से दुपट्टा ओढ़ती होगी
वहीं, झूले में हम जिसको हुमकता छोड़ आए हैं

कई ज़ख़्मों की पपड़ी में नमी मौजूद है अब भी
कई यादों की तुरपाई को उधड़ा छोड़ आए हैं

तू इतनी बे-रुख़ी से चाँद हमसे बात करता है
हम अपनी झील में एक चाँद उतरा छोड़ आए हैं

वो इंजन के धुएँ से पेड़ का उतरा हुआ चेहरा
वो डिब्बे से लिपट कर सबको रोता छोड़ आए हैं

मुहाजिर इसलिए हम हैं कि इक मिसरे की सूरत में
यहाँ आते हुए हम एक मिसरा छोड़ आए हैं

हमें मरने से पहले सबको यह ताकीद करनी है
किसी को मत बता देना कि क्या-क्या छोड़ आए हैं

दाद-ओ-तहसीन के बेपनाह शोर में मेरी आवाज़ कहीं खो गयी और मैं भी दूर कहीं माज़ी की हिजरत-नसीब यादों में गुम हो गया। शाख़े-ज़ैतून से अम्न तहरीर करने वाले, रेगिस्तान की भूल-भुलय्यों में भी सिराते-मुस्तक़ीम पर चलने वाले, गले में अल्लाह के कलाम को तावीज़ की तरह पहनने वाले, खजूर और ऊँटनी का दूध पीकर परवर-दिगार का शुक्र अदा करने वाले, धूप ओढ़ कर रेत पर सो जाने वाले, अपने हौसलों से सारी दुनिया को फ़तेह करने वाले, अपने इरादों से दूध की नहर निकालने वाले, अपने किरदार से दुश्मन को ज़ेर करने वाले ईमान की दौलत से मालामाल और जज़्ब-ए- शहादत से सरशार लोग हिजरत की रेलगाड़ी में बैठ कर दूर कहीं गुम होने के लिए रवाना हो रहे थे। कस्टूडियन की चक्की में पिसती हुई ज़मीनदारी, बे-मुरव्वती से नीलाम होते हुए खेत और बाग़ात, ज़ेवरों की सूरत में बेशर्मी से सुनार की दुकानों में क़ैद होती हुई पर्दानशीन औरतों की आबरू, सर्द-मेहरी से फ़रार पर हिजरत की मुहर लगाते हुए ख़ानदानी और ख़ूनी रिश्ते, अपने आप को अकेला महसूस करते ही हवेलियों और घरों में क़ैद होते हुए टूटे-फूटे ज़मीनदार, क़ैदे-तन्हाई की सज़ा काटते हुए अपनी अपनी हवेलियों में बीमार ऊँटों की तरह मर जाने वाले वह ग़य्यूर लोग जो फिर कभी अपनी ज़मीनें इस ख़ौफ़ से देखने नहीं गये कि उनकी ज़मीनों में भी सरहद पर खींची जाने वाली काली लकीरों के सिर उग आए हैं। रिश्तों की दरकती हुई दीवारों के मलबे में दबे हुए कितने ही ख़ानदान दुनिया को कभी-कभी अपनी हवेलियों के रोशनदान से देख लेते थे। लेकिन औरत और ज़मीन की देख-रेख रौज़नों के पास बैठ कर नहीं की जा सकती, इन चीज़ों के लिए कभी तलवार को हल बनना पड़ता है और कभी-कभी हल को तलवार की तरह भी उठाना पड़ता है, लेकिन हिजरत के धमाके से ज़ख़्मी लोग अपनी चारपाई से भी उठने में तकलीफ़ महसूस करते हैं। फिर उन से यह तवक़्क़ो कैसे की जा सकती थी कि उखड़ी हुई पतंग की डोर की तरह हाथ से जाती हुई ज़मीनदारी को वह फिर संभाल सकेंगे। रफ़्ता-रफ़्ता मुत्तहेदा हिन्दुस्तान की सियासी बोली लगाने वाले जिन्नः और

नेहरू हिन्दुस्तान को कटी हुई पतंग समझ कर लूटने के लिए बड़े-बड़े मज़हबी लग्घे लेकर निकल पड़े। अंग्रेज़ों के हाथों पहले ही लुट चुका हिन्दुस्तान एक नुची हुई पतंग की तरह दोनों के हाथों यूँ लगा कि इस से दोनों क़ौमें अपनी अपनी गुर्बत का कफ़न तक तैयार नहीं कर सकीं। मुसलमानों के साथ तारीख़ का यह बदतरीन-मज़ाक़ था कि जिन लोगों ने सैकड़ों क़ुर्बानियों, मशक़्क़तों, तकलीफ़ों और दुशवारियों से गुज़रते हुए पाकिस्तान के ख़्वाब को ताबीर की मिट्टी और अपने ख़ून पसीने से गूँधा, वह बासठ बरस बाद भी मुहाजिर के मुहाजिर ही रहे।

मुहाजिरो! यही तारीख़ है मकानों की
बनाने वाला हमेशा बरामदों में रहा

तलाक़ लफ़्ज़ यूँ तो बड़ा कठोर, करख़्त और बड़ा तकलीफ़देह होता है, लेकिन उसकी सफ़्फ़ाकी का आसानी से अन्दाज़ा भी नहीं लगया जा सकता। यक़ीनन उसकी मानवीयत आरी के उभरे हुए दाँतों की तरह ख़तरनाक होती होगी, लेकिन सिर्फ़ इसका अंदाज़ा ही लगाया जा सकता है क्योंकि डूबते हुए इन्सान की चीख़ें तो उम्र भर के लिए इन्सान को गूंगा कर देती हैं........ ....मैंने अपनी कम उम्री के ज़माने में तलाक़ होने का एक ख़ौफ़नाक मंज़र अपनी इन बदनसीब आँखों से देखा था, आज तक मेरी आँखें उस दिलदोज़ मंज़र से पीछा नहीं छुड़ा सकी हैं। घर के आंगन और दालान के बीच एक दबीज़ घरेलू चादर को हिजाब बनाया गया था, लेकिन यह परदा कब था यह तो मुक़द्दस रिश्तों की एक दरकती हुई दीवार थी।

आंगन में ख़ानदान के बुज़ुर्ग और मुहल्ले के कुछ शुरफ़ा बैठे हुए थे और परदे के पीछे दालान में एक तख़्त पर कुछ औरतें उस ख़ातून को घेरे बैठी थीं, जो तलाक़ की सूली पर लटकाई जाने वाली थी। मर्दाने हिस्से में बुज़ुर्गों के बीच एक शख़्स गर्दन झुकाए बैठा था। थोड़ी सी मैली कुचैली गुफ़्तगू के बाद वह शख़्स अचानक खड़ा हुआ और तीन बार तलाक़-तलाक़-तलाक़ कहने के बाद किसी रजिस्टर नुमा चीज़ पर दस्तख़त किए और बहुत आराम से कुछ लोगों के साथ घर से बाहर निकल कर ज़िन्दगी की शाहराह पर कहीं गुम हो गया। उसे तो यह पता ही नहीं चला कि अन्दर के हिस्से में निस्वानी तमकनत की एक दीवार

बैठ गयी। अन्दर बैठी हुई तलाक़ के ख़न्जर से ज़ख़्मी औरत की सिसकियाँ अचानक चीख़ों में तब्दील हो गयीं। उस ख़ातून ने बैन करते हुए अपनी कलाई की चूड़ियों को तख़्त पर इतनी ज़ोर से पटका कि चूड़ियों के टुकड़ों ने उसकी दोनों कलाइयों पर मुतल्लक़ा की कभी न मिटने वाली ख़ूनी मुहर लगा दी थी। बज़ाहिर तो इस दिलदोज़ मंज़र ने मिलने और बिछड़ने की हज़ारहा दास्तानों में एक नए क़िस्से का इज़ाफ़ा कर दिया था, लेकिन अंदरूनी चोट और टूट-फूट का अन्दाज़ा भी नहीं लगाया जा सकता था। यूँ भी पोस्टमार्टम के लिए मरना ज़रूरी होता है। अभी तक साइंस और जदीद टेक्नॉलोजी ज़िंदा और चलती फिरती लाशों के पोस्टमार्टम से बिल्कुल ना-आशना और अंजान है।

कमो-बेश कुछ इसी से मिलती जुलती कहानी पाकिस्तान के लिए हिजरत करने और न करने वालों के दरमियान मुस्तक़िल घूमती रहती थी। हिजरत करने वालों ने अपने दुख-दर्द की काफ़ूरी शमओं को शायरी और अफ़सानवी अदब की मदद से बचाए रखा, क्योंकि उस पार वालों को हिजरत का ग़म मनाने की इजाज़त थी। लिहाज़ा वह अपने पछतावे, ग़लत फ़ैसले या क़िस्मत की ख़राबी पर रो भी सकते थे और मातम भी कर सकते थे। अपनी तहरीरों और तक़रीरों के ज़रीए दुनिया से अपनी बात कहने की उन्हें पूरी छूट थी। अपने दुखों के पोस्टर कहीं भी चिपकाने के लिए उन्हें सरकारी इजाज़त-नामे की ज़रूरत नहीं थी, बल्कि पाकिस्तान में तो नैपकिन के काग़ज़ी फ़ैशन की तरह हिजरत के कर्ब को भी इस्तेमाल किया जाता है। लेकिन उसके बरअक्स हिन्दुस्तानी मुसलमान तक़सीम की शर्मिन्दगी से इतना टूट चुके थे कि हज़ारहा ग़मज़दा लेकिन ग़य्यूर लोग अपने ख़ानदान के ज़्याद:तर लोगों के पाकिस्तान चले जाने के बाद अपने पुराने घरों में ऐसे क़ैद हुए कि फिर वहाँ से चार कांधों पर सवार होकर ही निकले।

वो क्या करें जो तेरी बदौलत न हँस सके
और जिन पे इत्तेफ़ाक़ से आँसू हराम हैं

मुस्तफ़ा ज़ैदी

अजीब सी जज़्बाती कशमकश का दौर था। रोने की इजाज़त भी सिर्फ़ उन्हें थी, जो अन्दर ही अन्दर रो लेने के हुनर से

बख़ूबी वाक़िफ़ थे, हर तरफ़ चक्कर लगाती हुई हवस और ख़ुद-ग़र्ज़ियों ने दूसरों की दौलत और ज़मीनें हड़पने वालों की मदद के लिए जगह-जगह अपनी चौकियाँ क़ायम कर ली थीं। बँटाई पर दी गयी ज़मीनें हाथों से नूरजहाँ के कबूतरों की तरह निकलने लगी थीं। अपनी ही ज़मीनों की ख़ाक का बोसा लेने के लिए लट्ठबन्द और बन्दूक़धारी क़ब्ज़ेदारों से आजिज़ाना गुज़ारिश करनी पड़ती थी, नुज़ूल और कस्टूडियन के नाम पर हुकूमत ने भी पुश्तैनी ज़मीनदारी की क़िस्मत के फ़ैसले को पटवारियों और लेखपालों के रहमो-करम पर छोड़ दिया था। किसी भी शरीफ़ घराने को परेशान करने के लिए उसे झूठ-मूठ भी पाकिस्तान का हमदर्द साबित कर देना काफ़ी था। खुल कर हँसने का मौसम तो ख़ैर जा ही चुका था, खुल कर रोने का अख़्तियार भी हाथों से जाता रहा, क्योंकि हर आँसू पर फ़िरक़ापरस्ती अपनी मुहर लगाने को तैयार रहती थी। बाग़ो-बहार शख़्सियतें बोन्ज़ाई होकर रह गयी थीं। सैरे-गुलशन गमलों के दरमियान घूमने तक महदूद होकर रह गयी थी।

तक़्सीम के बाद एक मुद्दत तक रोने पर ख़ौफ़ इतना ग़ालिब था कि लोग मय्यत पर भी इस ख़ौफ़ से खुलकर नहीं रोते थे कि कहीं उन्हें पाकिस्तान जाने वालों का रिश्तेदार न समझ लिया जाए। हर तरफ़ हिजरत के इतने इश्तेहारात चिपका दिये गये थे कि हमदर्दी का हर जज़्बा मुहाजिरीन के साथ हो गया था और बेचारे "अंसार" अकेले के अकेले रह गये थे। न उनके साथ रोने वाले रहे, न उनके लिए ही रोने वाले रह गये थे। बेबसी का यह आलम था कि बचे-खुचे लोग अपने अपने इलाक़ों मे सिर्फ़ कोरे काग़ज़ों पर अंगूठा लगाने की मशीन बन कर रह गये थे। लफ़्ज़ पाकिस्तानी कई ख़राब गालियों की अलामत बन कर रह गया था। आपसी रक़ाबतें, बेजा रंजिशें, मआशी खींच-तान और अपनी अपनी जान बचाने की फ़िक्र ने हिन्दुस्तानी मुसलमानों को हरिजनों से ज़ियादः मज़लूम बना कर रख दिया था। जिन पैरों के ज़ेवर बनने के लिए चाँदी की जूतियाँ बेताब रहती थीं, रफ़्ता-रफ़्ता वही खूबसूरत पाँव हवाई चप्पलों के इश्तेहार बनकर रह गये। जिन घरों में कभी दूध के लिए बर्तन कम पड़ते थे उन घरों में माँओं की छातियाँ तक रेगिस्तान के

कुँओं की तरह सूख गयी थीं। डोलियों और पालकियों में बैठ कर सफ़र करने वाली ख़वातीन फटे-पुराने बुर्क़ों से अपनी आबरू छिपाने में नाकाम हो गयीं। वतन से मुहब्बत की इतनी बड़ी सज़ा शायद दुनिया की किसी बदनसीब क़ौम को नहीं मिली।

बक़ौल डा० नसीमुज़्ज़फ़र

तुम ने घर छोड़ा चलो तुम तो मुहाजिर हो गये
हम यहाँ हाज़िर रहे और ग़ैर-हाज़िर हो गये

हिजरत की कहानी कभी वज़ाहत की कसौटी से नहीं गुज़री। इसीलिए शायद दुनिया के हर मुल्क में लफ़्ज़ हिजरत के अलग-अलग मतलब निकाल लिए गये। हिजरत दुनिया की किसी भी ज़बान में बँटवारे, तक़्सीम या अलगाव को नहीं कहा जा सकता। अगर पाकिस्तान आबाद करने का नाम हिजरत था तो वहाँ से बे-सरो-सामानी के आलम में भागने वाले पंजाबी और सिन्धी मुहाजिर क्यों नहीं कहलाए? नौ-तामीर मशरिक़ी पाकिस्तान से मग़रिबी बंगाल और आसाम की तरफ़ जान बचाकर आने वाले बंगालियों को हम मुहाजिर क्यों नहीं कहते? अगर मज़हब के नाम पर तक़्सीम की बुनियाद रखी गयी, तो पाकिस्तान में बलोची, सिंधी और पंजाबी मुहाजरीन क्यों एक दूसरे के दुश्मन हैं? शिया और सुन्नी फ़सादात में हिस्सा लेने वाले दरिन्दा सिफ़त लोग आख़िर कौन हैं?

१६७१ के मशरिक़ी पाकिस्तान में अल्लाह की किताब अपने साथ लेजाने वालों से किताब-ए-इलाही छीनकर उर्दू तर्जुमे वाले कुरआन को जलाने वाले और पढ़ने वालों को बेदर्दी से क़त्ल करने वाले लोग आख़िर कौन थे? मेरे वालिद अपनी ख़ानदानी साख और बच्चों को भूक से बचाने के लिए उत्तर प्रदेश से कलकत्ता मुन्तक़िल हुए, आख़िर उन्हें मुहाजिर के लक़ब से क्यों नहीं नवाज़ा जाता? हिन्दुस्तान से लाखों लोग अपने मुस्तक़बिल को सँवारने के लिए सारी दुनिया में फैले हुए हैं, उनको मुहाजिर क्यों नहीं कहा जाता? अगर कश्तियाँ जला देने का नाम हिजरत है तो तारिक़-बिन-ज़ियाद और उनके साथियों को तारीख़े-इस्लाम में मुहाजरीन का दर्जा क्यों नहीं दिया गया? अदबी, इल्मी और मज़हबी मुफ़क्किरीन को एक बार यक़ीनन सर जोड़कर बैठना होगा। फ़तवे का मज़ाक़ बना देने वाले यह ख़ुदसाख़्ता मौलवी

हिजरत के सिलसिले में किसी फ़तवे का एलान क्यों नहीं करते? लेकिन शायद मेरी इस तहरीर को दीवाने की बड़ से ज़ियादः अहमियत नहीं दी जायगी, क्योंकि शायद दुनिया बनाने वाले और दुनिया चलाने वालों की सोच में कभी यकसानियत नहीं रही। इनमें कभी आपस में इत्तेफ़ाक़ नहीं हो सका।

मैं हिन्दुस्तान की तक़्सीम को ज़मीन का बँटवारा बिल्कुल नहीं समझता। मैं इसे दुनिया की एक ज़हीन क़ौम और अज़ीम हिन्दुस्तान से यहूदियों और ईसाइयों का ख़ौफ़नाक इन्तक़ाम समझता हूँ। अगर हिन्दुस्तान की तक़्सीम न हुई होती तो इस्राईल फ़लस्तीन की ज़मीन पर क़ब्ज़ा नहीं कर सकता था। अगर हिन्दुस्तान की तक़्सीम न हुई होती तो रूस और अमेरिका इराक़ और अफ़ग़ानिस्तान को तबाह नहीं कर सकते थे। अगर हिन्दुस्तान की तक़्सीम न हुई होती तो अरब के तेल-ठिकानों पर अमेरिका की इजारादारी नहीं होती। अगर हिन्दुस्तान की तक़्सीम नहीं हुई होती तो फ़ौजी साज़ व सामान और लगातार कई जंगों में बरबाद होने वाली दौलत से हम रूस और अमेरिका से पहले चाँद पर पहुँच चुके होते।

जिस तरह चकबन्दी का महकमा अंग्रेज़ी हुकूमत की पुश्तपनाही करने वाले ज़मीनदारों को ज़ियादः से ज़ियादः फ़ायदा पहुँचाने के लिए बनाया गया था, इसी तरह हिन्दुस्तान की सियासी चकबन्दी नाम-निहाद सियासतदानों की चौधराहट को क़ायम रखने की ग़रज़ से की गयी थी, कभी कभी मैं सोचता हूँ कि अगर मोहम्मद अली जिन्नाः का तअल्लुक़ उत्तर प्रदेश से होता और पंडित नेहरू सिन्ध के रहने वाले होते तो शायद हिन्दुस्तान सियासी चकबन्दी के उस खेल से साफ़ बच जाता जिसे तक़्सीम और Partition का भारी-भरकम नाम देकर दोनों क़ौमों को मुग़ालते में रखा गया और हम लफ़्ज-ए-हिजरत के बेजा इस्तेमाल के गुनाह से भी बच जाते। यूँ भी चकबन्दी का फ़ाएदा सिर्फ़ ज़मीनदारों को होता है, किसानों की पीठ तो सिर्फ़ कोड़ों के निशानात के लिए होती है। ज़मीन तो किसी मज़लूम औरत की तरह सिर्फ़ फटे-फटे दीदों से दुनिया वालों की करतूत देखती रहती है। हाँ जब कभी-कभी उसकी कूव्वत-ए-बरदाश्त जवाब देने लगती है तो निहायत ख़ामोशी से वह इस तरह करवट बदलती है कि सैकड़ों गुनहगार

बस्तियाँ उसमें दफ़्न हो जाती हैं।

अंग्रेज़ अगर हिन्दुस्तान की आज़ादी का सच्चे दिल से तरफ़दार होता तो हमें पूरा पूरा हिन्दुस्तान वापस करके जाता, हमने भी नहीं सोचा था कि हमारी आज़ादी के ख़्वाब को कट्टर मुख़ालिफ़ अंग्रेज़ अचानक तक़्सीम का तरफ़दार क्यों बन गया। आज़ादी के ख़ूबसूरत ख़्वाब की ताबीर, बदसूरत तक़्सीम कैसे हो सकती है? अच्छे ख़्वाब की ताबीर भी अच्छी होनी चाहिए थी, लेकिन शायद हम ने कच्ची नींद के आलम में ख़्वाब देखा था और कच्ची नींद के ख़्वाबों की ताबीरें न तो सच्ची होती हैं न ही अच्छी! अल्लाह जाने यह कैसा ख़्वाब था जिसने मुल्क के आज़ाद होते ही पचास करोड़ से ज़ियादा हिन्दुस्तानियों की आँखों से हमेशा के लिए सुकून की नींदें छीन लीं। अब हम ख़्वाब की आरज़ू नहीं करते, क्योंकि हमारी उम्रें तो नींद की दुआएँ मांगने में गुज़रती चली जा रही हैं।

हिन्दुस्तान की तक़्सीम ने जहाँ एक तरफ़ मुसलमानों के इत्तहाद के दामन को तार-तार कर दिया, तो दूसरी तरफ़ उन्हें मसाइब में ज़िंदा रहने, अपने आप को फिर से आबाद करने और अपने घरों की टूटी लखौरियों से नये मकान की तामीर का शौक़ भी पैदा कर दिया। हालाँकि तक़्सीम के ग़म से संभाला लेने में ही बहुत वक़्त गुज़र गया क्योंकि रिश्तों की टूट-फूट, ख़ानदानों का बिखराव, आँगन की तक़्सीम, सियासत की धूप-छाँव, रहबरों की रेशा-दवानियाँ, तरक़्क़ी के शौक़ की तह से झाँकता हुआ बिछड़ जाने का ख़ौफ़, सियासत की खिंची हुई सरहदी लकीर, पैरों से ज़मीन की ज़ंजीर का उलझना, छोटी-छोटी आँखों में बड़े-बड़े ख़्वाबों का दर आना, उम्मीदों और आरज़ूओं की कश्ती पर बैठकर नई ज़मीन की तलाश में लहरों-लहरों चलना, एक दूसरे को रोते हुए ख़ुदा-हाफ़िज़ कहना, ग़रज़ यह कि अवध की मिट्टी में सने हुए पाँव जब पंजाब और सिन्ध की जानिब उठे तो रास्ते में जख़्मों के ऐसे नक़्श-ए-क़दम बनाते गये जिनको ६२ बरस की मुद्दत और गुज़रते हुए वक़्त का मरहम भी मुन्दमिल नहीं कर सका। बेश्तर घरों में ऐसी ख़ामोशी थी जैसे मय्यत उठ जाने के बाद होती है। जैसे अपने चहीते को क़ब्र के सुपुर्द करके लौटते हुए रिश्तेदारों के चेहरों पर होती है।

जैसे लड़की की रुख़्सती के बाद घर के दरो-दीवार की वीरानी,आँखों में सोगवारी के ढेर सारे आँसू, चेहरे आँसुओं से तर जैसे भीगे हुए सफ़ेद कबूतर, जैसे ओस में रखी हुई माँ की सफ़ेद ओढ़नी, जैसे हरे-हरे पत्तों पर ओस की सजी हुई बारात, जैसे बुझते हुए चिराग़ की लौ, जैसे बारिश में भीगी पतंग, जैसे आँसुओं से भीगा दुपट्टा, जैसे छत काट कर आता हुआ बरसात का पानी, जैसे शिकरे की आवाज़ से सहमी हुई चिड़िया, जैसे साँप के ख़ौफ़ से ख़ाली बया का घोंसला, जैसे पगडंडियों से उलझता हुआ थका-थका सा मुसाफ़िर!

मुझसे यूँ भी तक़्सीम-शुदा घर हो या मुल्क देखा नहीं जाता क्योंकि परिन्दों का घोंसला एक होता है लेकिन वह पूरे बाग़ को अपने मुल्क में शामिल रखते हैं, लेकिन हम इंसान तालीम-याफ़्ता होते हैं। बेपनाह मुहज़्ज़ब होते हैं। खुदा और भगवान पर मुकम्मल यक़ीन रखते हैं, लेकिन उसकी बनाई हुई ज़मीन को तक़्सीम करके खुश होते हैं। ज़मीनों को बाँटना शायद खुदा की सबसे बड़ी नाफ़रमानी है, खुद को दीनदार कहलाने वाला कोई भी मुहज़्ज़ब इंसान इस तक़्सीम पर भरपूर ग़ैर-सियासी एहतजाज नहीं करता है। अगर ग़ौर किया जाए तो दुनिया का पहला दहशतगर्द इन्सान वही रहा होगा जिसने खेत, ज़मीन या मज़हब-ए-इंसानियत के बीच में लकीर खींची होगी।

इंसान अपनी मुख़्तसर सी ज़िन्दगी में कैसे-कैसे नफ़रतों के बीज बोकर दुनिया से रुख़्सत हो जाता है। मुल्कों के बीच दीवारें खड़ी करता है। हद तो यह है कि एक ही घर में कई दीवारें खड़ी कर देता है। इंसान ग़लतियों का पुतला है, लेकिन तक़्सीम का खेल करने वाले इंसान कभी नहीं हो सकते। क्योकि दिलों, जज़्बों और रिश्तों की तक़्सीम इंसान नहीं कर सकते। इस काम के लिए तो शैतानों को पैदा किया गया है। हज़रत मूसा अलैहिस्सलाम के पास एक औरत अपने दो नौ-उम्र बच्चों के साथ आई और हज़रत मूसा से कहने लगी कि ऐ मूसा! मै चाहती हूँ कि तू मेरे इन बच्चों को लम्बी उम्र की दुआओं से सरफ़राज़ करदे। हज़रत मूसा अलैहिस्सलाम ने मुस्कुराते हुए कहा। माई दो ढाई सौ बरस की उम्र कोई कम तो नहीं होती है, तू अब और कितनी तवील उम्र की ख़्वाहिश रखती है? औरत को ख़ामोश

देखकर हज़रत मूसा ने कहा कि माई तुझे मालूम है एक ऐसी उम्मत भी आएगी जिसमें लोगों की उम्र सिर्फ़ पचास साठ बरस होगी। उस औरत ने हसरत भरे लहजे में कहा कि ऐ! मूसा काश मैं उसी ज़माने में पैदा होती तो इतनी मुख़्तसर उम्र तो किसी पेड़ के नीचे खड़ी होकर गुज़ार देती। क़यामे-पाकिस्तान के बाद मोहम्मद अ़ली जिन्नः दो बरस भी ठीक से नहीं जी सके। महात्मा गांधी तो पूरी तरह आज़ाद हिन्दुस्तान देख भी नहीं पाये। नेहरू और सरदार पटेल भी ख़िज़्र अलैहिस्सलाम की उम्र लिखा कर नहीं लाए थे। ज़ियादः से ज़ियादः दस पन्द्रह बरस के इक़्तिदार की हवस ने कितनी गोदें उजाड़ी, कितनी मांगों को सूना किया, कितने घरों को वीरान किया, इसका हिसाब तो देना ही पड़ेगा। तारीख़ वह सूद ख़ोर साहूकार है जो सूद ब्याज के साथ अपना क़र्ज़ वसूल कर लेती है।

बचपन ख़ुशबू की तरह होता है, बहुत देर नहीं ठहरता या बचपन को पर लग जाते हैं। दिन महीनों में या महीने बरसों में तब्दील होते रहते हैं। कुछ ही बरसों बाद तक़रीबन सारा ख़ानदान पाकिस्तान के लिए यूँ रवाना हो गया जैसे ताऊन में गाँव साफ़ हो जाते हैं, जैसे जंगल में आग लग जाती है, जैसे रंगत को धूप खा जाती है, जैसे किरदार को शहर खा जाते हैं, जैसे ईमान को हवस निगल जाती है, जैसे हवेलियों को अना खा जाती है, जैसे आइने को वीरानी खा लेती है। शायद आइना चेहरा देखने के लिए होता है, और ढाल मैदान में तन्हा छोड़ कर जाते हुए लश्कर को देखने के लिए होती है। सियासत की बिसात पर दुनिया की सबसे ज़हीन क़ौम मुहरा बनकर रह गयी। तक़्सीम के खेल में पाकिस्तान जीत गया मगर मुसलमान हार गये। कभी कभी सोचता हूँ यह कैसी शिकस्त थी जिसका एहसास बासठ बरस गुज़र जाने के बाद भी बाक़ी है। यह कैसा जख़्म था जिसकी कसक हर मरने वाले के चेहरे से उतर कर पैदा होने वाले के चेहरे पर चिपक जाती है। यह कैसी निदामत थी जिसे तीन नस्लों के आँसू भी नहीं धो सके। यह कैसी तक़्सीम थी जिसका हिस्सा आज तक नहीं लग सका। यह कैसा फ़ैसला था जिसने ताज महल के दो टुकड़े कर दिए, कश्मीर के दो हिस्से हो गये। जामा मस्जिद आधी हो गयी। ग़ज़ल ने मरसिये का रूप

धार लिया। हिन्दुस्तान की कोख से जनम लेने वाली बेचारी और मज़लूम उर्दू ज़बान सरहद की सूली पर लटका दी गयी!

उर्दू दुनिया की वह ज़बान है जिसकी हिमायत और सरपरस्ती के लिए हिन्दुस्तान की हर क़ौम के क़लम बरदार मैदाने-अदब में सीना-सिपर हो गये थे। मुख़्तलिफ़ ज़बानों का फलना फूलना किसी भी जम्हूरी मुल्क के लिए तौसीफ़ी सनद की हैसियत रखता है। अज़ीम हिन्दुस्तान वह आइना-ख़ाना है जिसमें दुनिया की मुहज़्ज़ब क़ौमें अपना सरापा देख सकती हैं। उर्दू हिन्दुस्तानी नस्ल की वो लड़की है जो आज अपने सलोने हुस्न और मिठास भरे लहजे की बदौलत सारी दुनिया में महबूब व मक़बूल है। तक़रीबन चार सौ बरस पुरानी यह दोशीज़ा आज भी जब ग़ज़ल का लिबास ज़ेब तन कर लेती है तो दुनिया की बड़ी से बड़ी ज़बान की दूधिया रंगत मैली हो जाती है। आज भी जब यह भिखारन चेहरे पर लाहौरी नमक, जिस्म पर हिन्दी शब्दावली का पैरहन, बंगला ज़बान की बिन्दी, पंजाबी ज़बान का अल्हड़पन, संस्कृत की संजीदगी, अवधी का शर्मीलापन, कश्मीर की ताज़गी, मैथली की मासूमियत, गुजरात की सादा-मिज़ाजी, राजस्थान का बांकपन, रोहेलों की जवाँमर्दी, बुन्देलों का वक़ार और मराठों की बहादुरी से साथ तेलगू, कन्नड़ और तमिल का गजरा बांधे हुए क़ौमी यकजहती के रथ पर सवार होकर निकलती है तो हर साहिबे-नज़र तस्वीर बन कर रह जाता है। हालाँकि उर्दू शाएरी के नशेमन पर सिर्फ़ पचास बरसों में दो बार सियासत की बिजली गिरी। पहली बार तो मुल्क की तक़्सीम ने क़ौमी इत्तहाद के आइने को चकना चूर करते हुए उर्दू को एक ख़ास फ़िरक़े की ज़बान बना दिया। अभी इस ग़म से बेचारी उर्दू संभाला भी न ले पाई थी कि उसके जख़्मी जिस्म पर बाबरी मस्जिद का मलबा भी गिर पड़ा। एक दबी कुचली ज़बान को संभाला लेने में कितना वक़्त लगता है, इसका तो अन्दाज़ा भी नहीं लगाया जा सकता।

एक नये और अजनबी मुल्क की तरफ़ बढ़ते हुए क़दम मन-मन भर के हो रहे थे। लेकिन इसके बावजूद आगे की तरफ़ सरक रहे थे। पैरों में पड़ी हुई बेड़ियों के कटने की एक उम्र और तारीख़ मुक़र्रर होती है, लेकिन यह कैसी सज़ा के मुजरिम थे जिनका हर एहसास माजी और मुस्तक़बिल से बेनियाज़ था।

जिनकी आँखों में इतनी अजनबीयत थी कि शायद मैदाने-हश्र में भी इस-दर्जा अकेले-पन का एहसास न होने पाए। माज़ी के निगार-ख़ाने से अपने को निकालते वक़्त कितनी अज़ीयतों से गुज़रना पड़ता होगा, इसका एहसास सिर्फ़ हिजरत की तरफ़ क़दम बढ़ाते हुए इंसान को ही हो सकता है। बक़ौल इफ़्तिख़ार आरिफ़

तमाम ख़ाना-बदोशों में मुशतरक है ये बात।
सब अपने-अपने घरों को पलट के देखते हैं।।

खेत, खलियान, धान और गेहूँ की बालियाँ लालटेन की रोशनी में ख़ामुशी की चादर ओढ़कर सोता हुआ गाँव, झील के किनारे उतरती हुई कपासी रंग की चादर ओढ़े शाम, वीरान से रेलवे स्टेशन पर "जागते रहो" की आवाज़ लगाता हुआ बूढ़ा चौकीदार, उजड़ती हुई चौपालों के मनाज़िर, शहनाइयों की धुन पर रोता हुआ पनघट, किसानों की छोटी-छोटी सर उठाती आरज़ूएँ, नीम के दरख़्तों पर पड़े हुए वीरान-झूले, कच्ची-सड़कें, पुल-सिरात जैसी पगडंडियाँ, आम की कैरियों और इमली के लिए लड़ती-झगड़ती लड़कियाँ, तालाब में कमलगट्टे और मुर्ग़ाबियाँ, झाड़ियों में छुपी हुई करौंदे और बेर की डालियाँ, मेले में घूमते हुए भोले-भाले लोग, लहंगे और चुनरी की दुकानों पर सुहागिनों की क़तारें, बैल गाड़ियों पर बैठकर गाँव से दूर जाते हुए उतरे-उतरे चेहरे वाले लोग, महुवे की ख़ुशबू, जामुन का खट्टा-मीठा ज़ाएक़ा, रंग-बिरंगी चिड़ियों से पटे हुए पेड़ और तालाब, मस्जिद व मन्दिर से टेक लगाए हुई गंगा जमुनी तहज़ीब, होली की गुझियों में सिंवइयों जैसी मिठास और लज़्ज़त, कुएँ की जगत पर बैठा हुआ हिन्दुस्तानी समाज, ज़ात-पात पूछे बग़ैर पानी पिलाता हुआ मज़हब, सिर्फ़ इंसानियत का सबक़ पढ़ाते हुए मक्तब, एक ही पेड़ पर बसेरे के लिए लड़ती-झगड़ती चिड़ियाँ, माँ की गोद में बैठने के लिए झगड़ता हुआ बचपन, पतली लकीरों जैसी पगडंडियों पर एक दूसरे को सहारा देते हुए लोग, यह आख़िर सूफ़ियों, सन्तों, साधुओं, क़लन्दरों और दरवेशों वाले हिन्दुस्तान को किस तंग-नज़र की नज़र लग गई।

पिछले बरस एक मुशायरे में शिरकत की ग़रज से मैं फ़िरोज़पुर गया था। इस सफ़र में इन्आम् के तौर पर विजेन्द्र शर्मा मेरी दोस्ती का नसीब बने। बी-एस-एफ़ के आला ओहदेदार हैं। उर्दू

शायरी के दिलदादा हैं, गेसू-ए-ग़ज़ल के गिरफ़्तार हैं। तहज़ीबी एतबार से इतने बड़े सरमायादार हैं कि उनसे मिलकर ज़िन्दा रहने का शौक़ बढ़ जाता है। मेरे साथ मलिकज़ादा जावेद भी थे। इस यादगार सफ़र ने कई पुराने जख़्मों के टाँके तोड़ दिए। कई बोसीदा यादों के वरक़ उलट दिए। कई बार आँखें उठने को आईं। कई बार पपोटे ज़ख़्मी होंटों की तरह सूजे-सूजे दिखाई दिए। कई बार आँसुओं ने रंगत बदलने की कोशिश की। कई बार ख़ान-ए-दिल से कुछ टूटने की आवाज़ आई। कई बार चेहरे ने फ़सील पर रखे हुए चिराग़ की तरह बुझना चाहा। कई बार एहसास की थरथरी ने सर्दी का एहसास दिलाया। काश यादों के दरवाज़े पर ताला डालने की गुंजाइश होती।

होटल से सरहद का फ़ासला तक़रीबन बारह किलो मीटर, हुसैनी वाला से सरहद का फ़ासला सिर्फ़ साढ़े चार किलो मीटर, शहीद भगत सिंह के मज़ार से सरहद का फ़ासला सिर्फ़ एक किलो मीटर, इस सरहद से उस सरहद का फ़ासला सिर्फ़ चार इंच की बहुत पतली सी लेकिन नुमायाँ लकीर, लेकिन दिलों के फ़ासले की उम्र साठ बरस, नफ़रतों के फ़ासले की उम्र कई सौ बरस, मैं सोचने लगा कि आख़िर ऐसा क्यों है? दोनों तरफ़ की ज़मीनें एक जैसी, दोनों तरफ़ की हरयाली हू-ब-हू एक सी, दोनों तरफ़ की फ़सीलें भी एक ही जैसी, दोनों तरफ़ का पानी भी एक जैसा, दोनों तरफ़ का ख़ून भी एक जैसा, दोनों तरफ़ के लिबास भी एक जैसे,दोनों तरफ़ की जसामतें भी एक जैसी, दोनों तरफ़ के क़हक़हे भी एक जैसे,दोनों तरफ़ के आँसू भी एक जैसे, दोनों तरफ़ की आहें भी एक जैसी, फिर यह बरतानवी कम्पनी के तैय्यार किए हुए रंगों की लकीरें हम मिटा क्यों नहीं पाते? यह लक्ष्मण रेखा तो हो नहीं सकती। जिसको भोली-भाली सीता मय्या ने एक भिकारी की झोली भरने के लिए पार किया था। तो क्या इस सरहदी लकीर को हम रावण रेखा समझ लें, जिसको पार करते हुए लोग डरते हैं। तो क्या कोई राम इस सरहदी धनुष को तोड़ेगा? लेकिन कब तोड़ेगा? कैसे तोड़ेगा? इतने सारे सवालात की बिजलियाँ ज़ेहन में चमकने लगीं कि ब्लड प्रेशर ने अपनी सरहद से आगे बढ़ना शुरू कर दिया। मैंने बैग से दवा की एक गोली निकाल कर उसका सहारा लिया, जैसे बचपन में

दादी और दादा के पाकिस्तान जाते वक़्त मेरे वालिद ने मेरे कमज़ोर काँधों का सहारा लिया था। अब हमलोग सरहदी तमाशे के इतने क़रीब पहुँच चुके थे कि नार-ए-तक्बीर अल्लाहो-अकबर और वन्दे-मातरम् की सदाएँ एक साथ मिलकर किसी नए नग़्मे की शक्ल में ढलती हुई महसूस हो रही थीं। विजेन्द्र शर्मा शायर दोस्त भी हैं और शायर मिज़ाज भी। वह ख़ास तौर से जालन्धर से मुशायरा सुनने आए थे। उन्हीं की क़यादत में हमलोग यहाँ तक पहुँचे थे। बी-एस-एफ़ के सरहदी गेस्ट हाउस में हमलोगों ने मुँह हाथ धोया। लान में बैठकर चाय पी और बिस्कुट भी खाए और फिर हमारा क़ाफ़िला उस ओर बढ़ने लगा जिसे सरहदी लकीर कहते हैं। लेकिन यह सरहदी लकीर तिरछी थी जैसे बच्चे आँगन में लकड़ी या मिट्टी के टुकड़े से खींच देते हैं। ग़ौर से देखने पर मालूम हुआ कि एक तरफ़ पाकिस्तानी सिपाही मौजूद हैं और दूसरी तरफ़ हिन्दुस्तानी सिपाही सीना-सिपर खड़े हुए हैं। दोनों तरफ़ हज़ारों की तादाद में सरहद देखने वालों की भीड़ थी। जिनमें जवान भी थे और बच्चे भी, बहनें भी थीं और माँएँ भी। अब यह लकीर मुझे उस ख़तरनाक साँप की तरह लगने लगी जो घर की दहलीज़ पर आकर लम्बा-लम्बा लेट जाए, इधर के लोग उधर जाने से खौफ़ खा रहे हों और उधर के लोग इस तरफ़ आते हुए। खुद ब खुद अन्दाज़ा हो गया कि यह लकीर नहीं है। यह साँप है, नफ़रत का साँप जिसे साठ बरस पहले अंग्रेज़ इस रास्ते पर इंतक़ामन डाल गये थे। हालाँकि यह साँप एक मुद्दत हुई मर चुका है, लेकिन हमारी ग़ुलामाना ज़ेहनियत अभी ज़िन्दा है लिहाज़ा हम अपने अंग्रेज़ आक़ाओं के एहतराम में इस साँपनुमा लकीर को मिटा नहीं पा रहे हैं। दोनों तरफ़ के तमाशा देखने वाले परेड का तमाशा देखने के मुंतज़िर हैं। मुझे यह तमाशा देख कर बेसाख़्ता हँसी आने लगी क्योंकि सरहद के दोनों तरफ़ पेड़ों पर बैठी हज़ारहा चिड़ियाँ भी इस इंसानियत-सोज़ तमाशे को देखने के लिए कभी हिन्दुस्तानी दरख़्तों पर उड़कर चली जाती थीं,कभी पाकिस्तानी पेड़ों को अपनी छतरी बना लेती थीं। चिड़ियाँ इधर से उधर उड़कर दोनों तरफ़ की फ़ौजी सलाहियतों का मज़ाक़ उड़ा रह थीं। क्योंकि अख़बारों में तो रोज़ यह छपता है कि सरहद पर चौकसी इतनी बढ़ा दी गयी

है कि परिन्दा पर नहीं मार सकता। अशरफुल मख़लूक़ात कहलाने वाले इंसानों के झूट पर बेज़बान चिड़ियाँ शर्मिंदा हो रही हैं। शायद उन्हें भी इंसान के नक़लीपन का पूरा-पूरा एहसास हो गया है। दिन ने चमकती हुई धूप वाला लिबास तक़रीबन उतार दिया है, अब रात फ़क़ीरों वाला लिबास पहनने की तैयारी में मसरूफ़ है। अब अंधेरा अपने पैर पसारने की कोशिश कर रहा है। चिड़ियों ने उछल-कूद बन्द करके तिलावत करना शुरू कर दिया है। इस तिलावत में कुरआन भी है और गुरु बानी भी। रामायण के श्लोक भी हैं और गीता की शब्दावली भी। इबादत का रिश्ता मज़हब से नहीं रूह से होता है। इसीलिए तो चिड़ियाँ लाउडस्पीकर का इस्तेमाल नहीं करतीं। सब की आवाजें एक लै और एक सुर में ढल जाती हैं। वह दरख़्तों को अपना मुल्क समझती हैं और मुल्क को इबादतगाह। इसीलिए उनमें फ़िरक़ा-परस्ती भी नहीं होती, उनमें मज़हबी दीवानगी नहीं होती। अपने अपने घोंसलों में बैठे हुए इन चिड़ियों के नासमझ बच्चे समझदार होने का इंतज़ार कर रहे हैं। लेकिन हम सरहदों के दोनों किनारों पर बैठे हुए इंसान, हिन्दुस्तानी और पाकिस्तानी का लेबिल लगाकर अपने-अपने समझदार बच्चों को नासमझ बनाने के लिए यहाँ आते हैं। शायद हम इन्हें "लफ़्ज़" बँटवारे का मतलब समझाने के लिए सरहद के पास आते हैं, और अपने पिछले गुनाहों पर पर्दा डालकर सरहद पार के गुनहगारों की कहानियाँ सुनाते हैं।

अब परेड नाम का तमाशा शुरू होता है। कभी कोई पाकिस्तानी फ़ौजी नथुने फुलाकर सीने को चौड़ा किये हुए अपने फ़ौजी जूतों को इतनी ज़ोर से पटकता है कि ज़मीन उसको गुनहगार समझने लगती है। फिर यही काम हिन्दुस्तानी सिपाही शुरू करता है। दोनों तरफ़ बैठे हुए इंसान एक पल में पाकिस्तानी और हिन्दुस्तानी बनकर अपने अपने सिपाहियों की हौसला अफ़ज़ाई में तालियाँ बजाते हैं, नारे लगाते हैं। यह सिलसिला काफ़ी देर तक चलता रहता है। फिर दोनों मुल्क के झण्डों के उतरने की रस्म शुरू होती है। पूरी तरह अंधेरा होने से पहले इस नूरा-कुश्ती का सिलसिला ख़त्म हो जाता है। दोनों तरफ़ के लोगों का जोश देख कर चार गज़ कपड़े की अहमियत का भरपूर

एहसास होता है। लोग बताते हैं कि शुरू से ही यानी आज़ादी के फ़ौरन बाद से ये सिलसिला एक बे सिम्त मंज़िल की तरफ़ रवाँ-दवाँ है। दुनिया के दो ग़रीब मुल्क दुनिया के अमीर मुल्कों को और अमीर बनाने के लिए कैसे एक दूसरे को नीचा दिखाने के लिए जंगी साज़ो-सामान से अपने आपको लैस किए रहते हैं। शायद दुनिया के तमाम ताक़तवर मुल्कों ने यह जान लिया है कि एशिया और अरब के मुल्कों में नफ़रत की लकीरें मिटते ही, उनके कारोबार का वुजूद ख़तरे में पड़ जाएगा, हम अपना दुख अपने भाई से कहने में शर्माते हैं, लेकिन ग़ैर के सामने बरहना होने के लिए तैयार रहते हैं।

वहाँ से हम लोग शहीद-ए-आज़म भगत सिंह की समाधि पर आए। शहीदों के मज़ार पर ऊपर वाले का ख़ास नूर रहता है और क्यों न हो जब उस पाक परवरदिगार ने कुरआन-ए-करीम में फ़रमा दिया है कि मैं सारे आलम का रब हूँ लोग बताते हैं कि तक़्सीम के वक़्त शहीद भगत सिंह का मज़ार पाकिस्तान के हिस्से में आया था, लेकिन पंडित नेहरू की गुज़ारिश पर हुसैनी वाला का इलाक़ा पाकिस्तान ने हिन्दुस्तान को वापस कर दिया और उसके एवज़ काफ़ी ज़मीन हिन्दुस्तान ने उसे लौटा दी। होना तो यही चाहिए था कि भगत सिंह दोनों मुल्कों के हीरो रहते क्योंकि वह मुत्तहिदा हिन्दुस्तान के मुजाहिद-ए-आज़ादी थे,जिस तरह अल्लामा इक़बाल के तरानों को दोनों मुल्कों में एहतराम और अक़ीदत से सुना जाता है, लेकिन सियासी फ़ैसले इंसानियत के लिए हमेशा मुज़िर और नुक़्सानदेह साबित होते हैं। अगर मैं एक दिन के लिए भी उस मुल्क का सबसे बड़ा ओहदेदार हो जाऊँ तो शहीद भगत सिंह की समाधि को सलाम करने के लिए आने वालों से वीज़े की बन्दिश ख़त्म कर दूँ और पाकिस्तान के सदर से भी यही गुज़ारिश करूँ कि अल्लामा इक़बाल के मज़ारे-अक़्दस तक जाने वालों से वीज़ा हरगिज़ न तलब किया जाए। मुमकिन है मेरी ख़्वाहिश को मेरा पागलपन समझा जाए। मेरी इस बात को दीवाने की बड़ समझा जाए लेकिन,

ठहर जाती हैं पल भर के लिए सेहने-गुलिस्ताँ में
बहारें अब भी दीवानों का कहना मान लेती हैं

सरहद के पास बने हुए घरों की उदासी कभी ख़त्म नहीं होती।

दिन का उजाला भी वहाँ लालटेनों की रौशनी के बराबर होता है, और फिर बात चाहे घरों की तक़्सीम की हो या सियासत के ज़ेरे-असर होने वाले मुल्कों का बँटवारा हो, दोनों ही हादसे इंसानियत, दोस्ती, रवादारी और रिश्तों की बुनियादों को हिलाकर रख देते हैं। सरकारों ने फ़ैसले किए और मुल्क तक़्सीम हो गया, प्यासी ज़मीनों को सेराब करने वाले दरियाओं पर मशीनी पहरे बिठा दिए गए। नदियों और दरियाओं को ज़मीन की सेराबी से रोकने के नतीजे में ही सैलाब और सूखे का जन्म होता है। सतलज नदी के पास से गुज़रते हुए पानी से उठता हुआ बदबू का भभका देर तक किसी को वहाँ पर रुकने नहीं देता है, पानी पर पहरा कुदरत के ख़ूबसूरत निज़ाम से छेड़छाड़ करने जैसा होता है। जिस ज़मीन पर खड़े होकर पंजाब के किसान एक दूसरे से हल-बैल और बीज तक मांग लेते थे, जिस ज़मीन पर चलने वाले एक-दूसरे के दुख में आँसू बहाने के लिए दौड़ पड़ते थे, अब वहाँ ज़मीन पर बिछे हुए बिजली के नंगे तारों में करंट दौड़ा करता है। काश जानवरों और परिंदों के लिए भी कोई ऐसा स्कूल होता जो उन्हें बता सकता कि जिन तारों को तुम अपनी छतरी समझते हो उनमें तुम्हारी मौत के लिए बुना हुआ जाल भी मौजूद है। दरियाओं और नदियों का पानी बहने के लिए होता है। ठहरा हुआ पानी सड़ांध का शिकार हो जाता है। क्योंकि जब इंसानी जिस्म में गर्दिश करने वाला पानी किसी एक जगह पर रुकते ही किडनी के चीथड़े कर डालता है तो मशीनों के ज़ोर से कुदरत की बनाई हुई नदियों के पानी पर पहरा बिठाने से खेतों में पैदा होने वाली चीज़ों में लज़्ज़त कैसे आ सकती है? एक चेहरे की दोनों आँखों में इतनी अजनबियत भी हो सकती है, इसका अन्दाज़ा हुसैनी वाला सरहद की लकीर देखने से पहले मुझे बिलकुल नहीं था। दोनों मुल्कों की सरहद पर बसी हुई एक नस्ल तो अपने और पराए के फ़र्क़ को महसूस करने में ही ख़ाक में मिल गयी होगी। मैं नुजूमी न होते हुए भी यह पेशीनगोई तो कर सकता हूँ कि हिन्दुस्तान की आज़ादी अपना हज़ारों बरस का सफ़र तय कर सकती है, लकिन बेमक़सद खींची गयी हिन्द व पाक की सरहदी लकीरें एक सदी भी पार नहीं कर सकतीं। हमारी जम्हूरियत से वह गुलामी हज़ार दर्जा अच्छी है जिसके

रास्ते में कोई सियासी रुकावट नहीं होती है।

लखनऊ जब किसी को हिजरत पर रवाना करता तो उसके गले में तहज़ीब का तावीज़ डाल देता था। शराफ़त उसके सर पर शफ़क़त से हाथ रखती, नर्म-गुफ़्तारी उसके होटों पर फूल रखती। शौक़े-फ़ुनूने-लतीफ़ा कोई वायदा लेता। इंसानियत पैमाने-वफ़ा की क़सम लेती। ग़ज़ल दिल के निहाँख़ाने में चुपके से एक चुटकी ख़ाक रख देती। ज़िंदादिली हाथ उठाकर दुआएँ करती, गोमती नदी कनारों से अपना सर पटक-पटक कर आते रहने का वायदा लेती। खुश रंग पतंगें उसको दूर तक छोड़ने जातीं। डोर उसके पैरों से लिपट कर अपने ज़ंजीर होने का एलान करती। रास्ते की ख़ाक उसके पैरों से लिपट-लिपट जाती। दरख़्तों की शाख़ें अपने हाथ हिला-हिला कर उसे रुख़्सत करतीं। कबूतरों का एक जत्था कुदरत के हवाई जहाज़ों की तरह दूर तक उसकी रखवाली करता। मन्दिर-मस्जिद और इमाम बाड़े उसकी लम्बी उम्र और सलामती की दुआ माँगते और जाने वाला लफ़्ज-ए-हसरत की तजसीम बन जाता था।

उत्तर प्रदेश के कई बड़े शहरों से घिरा, कई तारीख़ी क़स्बात को अपने सीने से लगाए अपने चेहरे पर बंजर और ज़रखेज़ मिट्टी मले हुए गंगा जी की कछार में सई नदी के किनारे रायबरेली शहर आबाद है। अदबी तौर पर बे इंतहा मालामाल यह शहर सियासी तौर पर भी बहुत हुशियार है। इस शहर में सियासत इक़्तिदार का नाम नहीं है, बल्कि सूझ-बूझ का नाम है। कुछ शहर अपने जुग़राफ़िये की हिफ़ाज़त में इतने मसरूफ़ रहते हैं कि तारीख़ उन्हें भूलने लगती है। उनकी एक मामूली सी ग़लती शहर को खंडर में, इबादत गाहों को मैदान-ए-जंग में और इंसानी जिस्मों को गोश्त की दुकान पर सजी मुर्दा भेड़ बकरियों में तब्दील कर देती है।

उसी शहर के एक क़दीम मुहल्ले में मेरा घर है, मेरा आबाई घर जिसकी पुरानी बुनियादों पर जब नई ईंटों ने अपना सर रखा तो घर वालों ने मेरी एक किताब का उन्वान भी उसके हवाले कर दिया जिसकी निस्बत से मेरा घर भी "ग़ज़ल गाँव" कहलाने लगा। ग़रीब घर में पैदा होने वाले बच्चे का कोई नाम नहीं रखा जाता क्योंकि नाम कुछ भी रख दिया जाये दुनिया उस बच्चे को

उसी नाम से पुकारती और पहचानती है जो गुर्बत उसकी पेशानी पर लिख देती है।

ज़िन्दगी चाहे गदागर ही बना कर रख दे
ऐ मेरी माँ तू मेरा नाम सिकंदर रख दे

"ग़ज़ल गाँव" पुराने हिन्दुस्तान के एक मुहल्ले का छोटा सा घर है जिसका नये हिन्दुस्तान से सिर्फ़ इतना ही तअल्लुक़ है कि बिजली और टेलीफ़ोन के तारों के फैलाव ने कौओं, कबूतरों और चिड़ियों को कुछ देर क़याम करने के लिए नई चौकियाँ अता कर दी हैं। अभी तक यह इलाक़ा नए ज़माने की ख़ुद ग़र्ज़ियों से ज़ियादः मैला नहीं हुआ है लेकिन फिर भी बिजली के तारों से चलने वाले रेफ्रिजरेट्रों ने इंसान के दिलों से सख़ावत, फ़य्याज़ी, दरयादिली और ग़रीब-परवरी के जज़्बों को छीन लिया है। अब रोटी की डलिया परिन्दों की पहुँच से बाहर होती जा रही है। गुलाब चेहरा, सुराहियों, और घड़ों से चिड़ियों और कबूतरों की इजारादारी ख़त्म होने लगी है। टेलीविज़न इंसानों को कमरों में क़ैद करने की कोशिश में लगा हुआ है। सियासत रोज़ नये-नये लिबास ज़ेब तन किए मुहल्ले की गर्दिश में मसरूफ़ रहती है। लेकिन कई सदियों की मुहब्बतें , कई ख़ुशगवार रिश्तों की ज़ंज़ीरें, और एक दूसरे के ग़म में पलकें भिगोने की रस्म अभी तक बाक़ी है। शायद इसीलिए मेरे मुहल्ले में अभी तक मज़हब सियासत के लिए नहीं, सिर्फ़ इबादत के लिए इस्तेमाल होता है। गुर्बत चोंचलों से पनाह माँगती है। वह किसी भी पत्थर में भगवान ढूंढ़ लेती है, किसी भी अंगोछे को जानमाज़ बना लेती है।

मुल्क के दूसरे शहरों की तरह रायबरेली में भी हिजरत की लाल आँधी हफ़्ते दस रोज़ में ज़रूर आती थी। और कुछ घरों को वीरान करती, कुछ घरों का बैनामा अगली वीरानी के नाम मुन्तक़िल करके चली जाती। हिजरत के हवाले होने वाले घरों पर रिश्तेदारों के क़ाफ़िले आसपास के क़स्बात से पर्दापोश तांगों और रिक्शों की मदद से जमा होने लगते। पाकिस्तान जाने वालों के चेहरे इस तरह मुस्तक़िल, मुसलसल और बग़ौर देखे जाते, जैसे याद किये जा रहे हों। उस ज़माने में फ़ोटोग्राफ़ी का चलन आम नहीं था। महंगा शौक़ होने की वजह से मुतवस्सित तबक़े की पहुँच से दूर था और यूँ भी शोरफ़ा के घरानों में कैमरे को फ़ोटोग्राफ़ी

की हरगिज़ इजाज़त नहीं थी। सिर्फ़ आँखों को इतनी छूट थी कि वह हिजरत के ग़मों को अपने पास महफ़ूज़ कर लें ताकि माज़ी से लिपट कर रोते वक़्त किसी एक को तो दुखों के ये बीते हुए मनाज़िर ज़बानी याद हों।

कल उसकी आँखों ने क्या ज़िन्दा गुफ़्तगू की थी
गुमान तक न हुआ वो बिछड़ने वाला है

दो तीन दिनों तक हिजरत नसीब घर में बला की चहल-पहल और गहमागहमी रहती थी, घर में शादी का समाँ लगता था, लेकिन आए दिन की खुदफ़रेबी के क़िस्सों ने मुझे भी बहुत होशियार और हस्सास बना दिया था। हमारे शहर से खेतों और पेड़-पौधों का मुँह धुलाती हुई सई नदी गुज़रती है। बरसात में दूसरी नदियों के वरग़लाने पर यह नदी कभी कभी सैलाब की धमकियाँ भी देने लगती है। लिहाज़ा तमाम सरकारी महकमे शहर के खुदाई ख़िदमतगारों की मदद से सैलाब के पानी से बचने के लिए नये-नये बांधों और सैलाब के पानी के मद्दे-मुक़ाबिल पत्थरों की चटानें खड़ी कर देते हैं। लेकिन यह सब तरकीबें माचिस की तीलियों से बनाये गये पुलों की तरह कमज़ोर और बदनसीब साबित होती हैं क्योंकि सई नदी की उफनाती हुई मौजों के रेले में सरकारी इरादे तक बह जाते हैं।

अपनी मिट्टी और अपने लोगों से कटने वाले हिजरत नसीबों के घरों का भी यही मुआमला हुआ करता था। रिश्ते दारों से घर का भर जाना, मुहल्ले और शहर के लोगों का खुशदिली के साथ मिलना, घर के अन्दर और बाहर बैठकर हँसने और क़हक़हों की मुतवातिर आवाज़ें आना, खनकते हुए लहजे में गुफ़्तगू करना, खुशमिज़ाजी और खुशमज़ाकी की का आपस में बार-बार गले मिलना, यह सब भी सई नदी में आने वाले सैलाब से बचाव के रास्ते निकालने जैसा होता था। पाकिस्तान के लिए रवानगी से तक़रीबन आधा दिन पहले तक घर में मौजूद तमाम लोग जिस मुस्तैदी और कमाले-ज़ब्त का मुज़ाहिरा करते थे उसे सोचकर मुझे आज तक हैरत होती है, फिर अचानक मौसम बदलने का एहसास होना शुरू होता था, आँखों का मौसम भी अब्र-आलूद होने लगता था, हर फ़र्द की साँसें हवा की तरह रुक-रुक कर चलने में मसरूफ़ हो जाती थीं, और फिर अचानक

सारा घर मातम-कदे में तब्दील हो जाता था। बहुत दिनों तक तो मेरी और मेरे हमउम्र साथियों की समझ में ही नहीं आता था कि अचानक सारा घर मातम-कदे में क्यों तब्दील हो जाता है। क्योंकि सफ़र पर तो लोग बराबर ही आते-जाते रहते हैं, लेकिन यह रोना-पीटना, यह पछाड़ें खाना, यह रोते-रोते बेहोश हो जाना, यह दीवारों से सर टकराकर अपने आपको लहूलुहान कर लेना, यह हफ़्तों दीवानों की तरह गुम-सुम रहना, यह दीवानों की तरह मुस्तक़िल दहलीज़ पर नज़रें जमाए रखना, यह रेल की सीटी पर अचानक चौंक जाना, और फिर देर तक आंगन की अलगनी के ख़ाली पन को घूरते रहना, आख़िर यह सफ़र की कौन सी भयानक शक्ल है जिसके ख़ौफ़ से कोई भी आज़ाद नहीं रह पाता। यह आख़िर कैसी जुदाई है कि आँखें ख़ूने-कबूतर की तरह सुर्ख़ और चेहरे काफ़ूरी हो जाते हैं। यह दिल दहलाने वाली चीख़ें, रूह में कुदाल की तरह सूराख़ करती हुई सिसकियाँ और आँखों में कर्बला जैसी उदासी क्यों दर आती है। उन दिनों आँसुओं की क़ीमत बिल्कुल गिर चुकी थी। क्योंकि हर आँख मुसलसल आँसुओं की बारिश से छोटी सी नमकीन झील बनी रहती थी। काश हमने वह आँसू बेसबब ख़र्च होने से बचा लिये होते, तो शायद उस पूरे ख़ित्ते में कहीं भी ज़मीन मज़दूर की एड़ियों की तरह फटी-फटी न दिखाई देती।

चार पाँच घंटों की मुसलसल आहो-ज़ारी व गिरया के बाद मुसाफ़िरों का क़ाफ़िला इस तरह स्टेशन के लिए रवाना होता कि तांगों, रिक्शों और साइकिलों पर रिश्तेदार, पड़ोसी, बे-मक़सद उम्मीदें और हसरतें साथ-साथ चलतीं, कुछ मजबूर और मुँह बन्द सिसकियाँ सिर्फ़ चिलमनों से झाँकती रह जातीं। कुछ दूर तक तक़रीबन सारा मुहल्ला सिर झुकाए हुए साथ-साथ चलता। हर शख़्स एक दूसरे से नज़रें बचाने की कोशिश में मसरूफ़ रहता, आँखें बरसात की झड़ी का मंज़र पेश करतीं। मेरी समझ में बिलकुल नहीं आता था कि आहो-ज़ारी का इतना एहतमाम तो किसी के इंतक़ाल पर भी नहीं होता। फिर आख़िर पाकिस्तान जाने वालों के साथ इस तरह रोने का क्या मतलब हो सकता है? लेकिन रफ़्ता-रफ़्ता मेरी समझ में यह बात आने लगी कि इन्तक़ाल एक शख़्स का होता है, लेकिन मुन्तक़िल तो पूरा

ख़ानदान हो रहा होता है। फिर कोई शख़्स मर चुका हो और कोई शख़्स मरने जा रहा हो, दोनों के पुरसे में यक़ीनन फ़र्क़ होना चाहिए। वही फ़र्क़ शायद पाकिस्तान जाने वालों के चेहरों से नुमायाँ होता था।

आधी सदी से ज़ियादः बीत जाने के बाद भी हम यह तय नहीं कर सके हैं कि बीमारों को देखने और क़ब्र के सिरहाने खड़े होकर दुआ-ए-मग़फ़िरत करने वालों से वीज़ा तलब करना इंसानियत और रवादारी की सरासर तौहीन है। काश!!! इमीग्रेशन की मुहरें हुकूमतों के बजाए इंसानियत के हाथों में हुआ करतीं, काश ज़मीन पर लकीरें खींचने और मिटाने की बागडोर उन नन्हें-नन्हें बच्चों के हाथों में होती जो सर्दियों में ऊन के गोलों की तरह कँपकपाते हुए स्कूल जाते हैं। काश तक़्सीम का हर फ़ैसला सियासत के बजाए गोद में बच्चे खिलाती माओं और दादियों के अख़्तियार में होता, काश.....काश.....काश.........

हज़ारों सरहदों की बेड़ियाँ लिपटी हैं पैरों से
हमारे पाँव को भी पर बना देता तो अच्छा था
परिन्दों ने कभी रोका नहीं रस्ता परिन्दों का
ख़ुदा दुनिया को चिड़ियाघर बना देता तो अच्छा था

प्रोफ़ेसर एज़ाज़ अफ़ज़ल

मुनव्वर राना

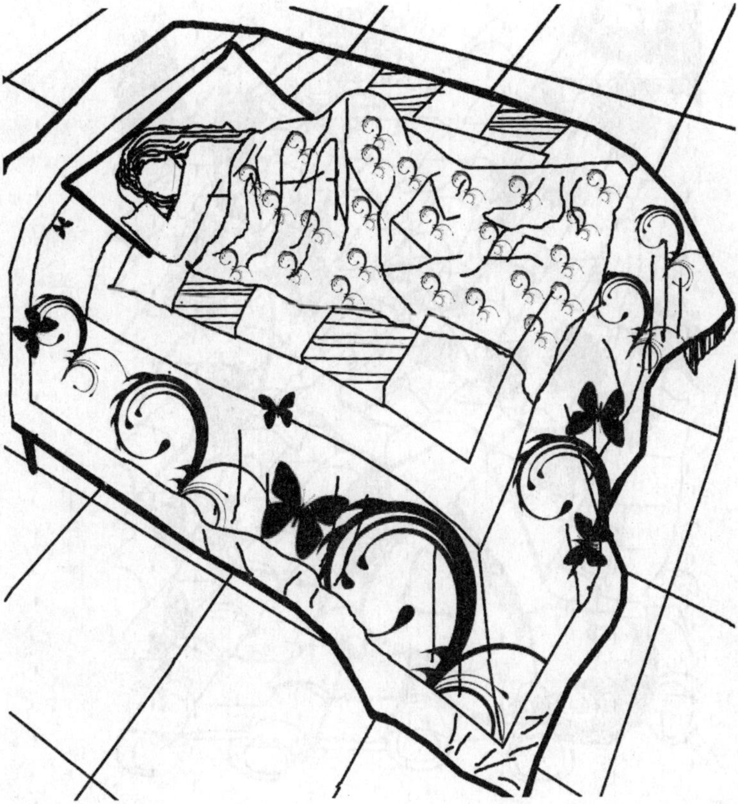

बसी थी जिसमें ख़ुश्बू मेरी अम्मी की जवानी की
वो चादर छोड़ आए हैं वो तकिया छोड़ आए हैं

वो खपरैलों पे फैली हर तरफ़ अंगूर की बेलें
उन्हीं बेलों से हम बचपन को लिपटा छोड़ आए हैं

हरे होंगे अभी तक पेड़ वो सारे गुलिस्तां के
बदन पर जिनके हम इक नाम लिक्खा छोड़ आए हैं

दिखावे की मोहब्बत से वो कैसे मुत्मइन होंगे
कि जो उसकी मोहब्बत बेतहाशा छोड़ आए हैं

मुहाजिरनामा

मुहाजिर हैं मगर हम एक दुनिया छोड़ आए हैं
तुम्हारे पास जितना है हम उतना छोड़ आए हैं

कई आँखें अभी तक ये शिकायत करती रहती हैं
कि हम बहते हुए काजल का दरिया छोड़ आए हैं

शकर इस जिस्म से खिलवाड़ करना कैसे छोड़ेगी
कि हम जामुन के पेड़ों को अकेला छोड़ आए हैं

कहानी का ये हिस्सा आज तक सब से छुपाया है
कि हम मिट्टी की ख़ातिर अपना सोना छोड़ आए हैं

ये हिजरत तो नहीं थी बुज़दिली शायद हमारी थी
कि हम बिस्तर पे इक हड्डी का ढाँचा छोड़ आए हैं

कई दर्जन कबूतर तो हमारे पास ऐसे थे
जिन्हें पहनाके हम चाँदी का छल्ला छोड़ आए हैं

हँसी आती है अपनी ही अदाकारी पे ख़ुद हमको
बने फिरते हैं यूसुफ़ और ज़ुलेख़ा छोड़ आए हैं

इधर छतरी से उट्ठे और सू-ए-आसमाँ पहुँचे
हम अपने कुछ कबूतर मिस्ले-तारा छोड़ आए हैं

थके हारे कबूतर का वो वापस लौटना घर को
अभी तक याद है हालाँकि कब का छोड़ आए हैं

कबूतर अपने सारे छोड़ कर हम यूँ चले आए
कि जैसे सय्यदों को भूका-प्यासा छोड़ आए हैं

कभी पत्थर को हम ने काट कर नहरें लिकाली थीं
यही वो हाथ हैं जो अपना तीशा छोड़ आए हैं

सराबों में हमें अब उम्र भर यूँही भटकना है
हम अपने ऊँट को सहरा में मरता छोड़ आए हैं

ज़मीं कटती हुई बरसात में देखी तो याद आया
बुज़ुर्गों की कई क़ब्रों को धँसता छोड़ आए है

नई दुनिया बसा लेने की इक कमज़ोर चाहत में
पुराने घर की दहलीज़ों को सूना छोड़ आए हैं

किसी मौसम में हमको चैन से सोने नहीं देतीं
वो रिश्तेदारियाँ जिनको अकेला छोड़ आए हैं

ये कैसी नफ़रतें हैं जो हमें अब तक सताती हैं
मुहब्बत हम तुझे शायद अधूरा छोड़ आए हैं

वो आँखें इतनी मुद्दत पर भी हमको याद आती हैं
वो आँखें जिनमें हम ख़्वाबों का मलबा छोड़ आए हैं

अजब दीवानगी थी सोचिए तो रंज होता है
अजब सहरा-पसन्दी थी कि दरिया छोड़ आए हैं

हमारी अहलिया तो आ गयीं माँ छुट गयी आख़िर
कि हम पीतल उठा लाए हैं सोना छोड़ आए हैं

तरक़्क़ी के लिए हमने रिहाइशगाह बदली थी
मगर आते हुए हिजरत का शोशा छोड़ आए हैं

ख़ुदा जाने ये हिजरत थी कि हिजरत का तमाशा था
उजाले की तमन्ना में उजाला छोड़ आए हैं

तमन्नाएँ ज़ियादः थीं वहाँ आसाइशें कम थीं
यहाँ पर तेल नौ मन है तो राधा छोड़ आए हैं

बड़ी अम्मी नहीं थकती थीं दौराने-सफ़र कहते
पराठों के लिए गूँधा था आटा छोड़ आए हैं

मुहाजिर इसलिए हम हैं कि इक मिसरे की सूरत में
यहाँ आते हुए हम एक मिसरा छोड़ आए हैं

वुज़ू करने को जब भी बैठते हैं याद आता है
कि हम उजलत में जमुना का किनारा छोड़ आए हैं

वो बरगद जिस के पत्तों से महक आती थी फूलों की
उसी बरगद में इक हरियल का जोड़ा छोड़ आए हैं

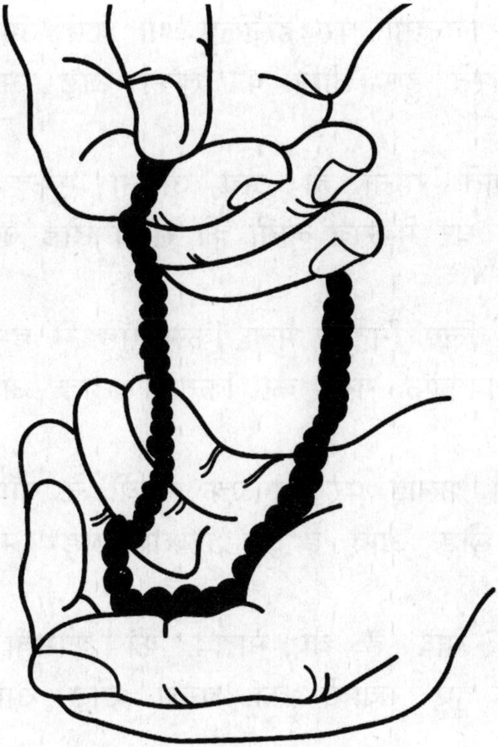

उतार आए मुरव्वत और रवादारी का हर चोला
जो इक साधू ने पहनाई थी माला छोड़ आए हैं

हमें इस ज़िन्दगी पर इसलिए भी शर्म आती है
कि हम मरते हुए लोगों को तन्हा छोड़ आए हैं

हमेशा जागते रहना ही अब अपना मुक़द्दर है
हम अपने घर में सब लोगों को सोता छोड़ आए हैं

तयम्मुम के लिए मिट्टी भला किस मुँह से हम ढूँढें
कि हम शफ़्फ़ाफ़ गंगा का किनारा छोड़ आए हैं

अक़ीदत से कलाई पर जो एक बच्ची ने बाँधी थी
वो राखी छोड़ आए हैं वो रिश्ता छोड़ आए हैं

अभी तक याद हैं वो मालवे की क़ीमती रातें
जहाँ देखे हुए ख़्वाबों का बस्ता छोड़ आए हैं

बिछा देता था मौसम पेड़ के नीचे सितारों को
अभी तक याद है हमको जो महुवा छोड़ आए हैं

अभी तक बारिशों में भीगते ही याद आता है
कि हम छप्पर के नीचे अपना छाता छोड़ आए हैं

जवानी से बुढ़ापे तक सँभाला था जिसे माँ ने
वो फुँकनी छोड़ आए हैं वो चिमटा छोड़ आए हैं

ये अब भी सोच लेते हैं तो आँखें भीग जाती हैं
कि पक्के फ़र्श की ख़ातिर खड़ंजा छोड़ आए हैं

मुहाजिर कह के दुनिया इसलिए हमको सताती है
कि हम आते हुए क़ब्रों में शजरा छोड़ आए हैं

हमें तारीख़ भी इक ख़ान-ए-मुजरिम में रक्खेगी
गले मस्जिद से मिलता इक शिवाला छोड़ आए हैं

किसी की आरज़ू के पाँव में ज़ंजीर डाली थी
किसी की ऊन की तीली में फंदा छोड़ आए हैं

सड़क भी शेर-शाही आ गयी तक़्सीम की ज़द में
तुझे हम करके हिन्दुस्तान छोटा छोड़ आए हैं

वो जिनसे रिश्ते-दारी तो नहीं थी हाँ तअल्लुक़ था
वो लक्ष्मी छोड़ आए हैं वो दुर्गा छोड़ आए हैं

ये ख़ुदग़र्ज़ी का जज़्बा आज तक हमको रुलाता है
कि हम बेटे तो ले आए भतीजा छोड़ आए हैं

हम अपनी क़ीमती चीज़ें तो ले आए सभी लेकिन
मदीने से जो लाए थे वो तुग़रा छोड़ आए हैं

तो क्या सदियों का रिश्ता तोड़ने का नाम हिजरत है
दरो-दीवार तक को हक्का-बक्का छोड़ आए हैं

मुहल्ले की छतों पर हर तरफ़ क़ब्ज़ा हमारा था
वहीं पर हम पतंगें-डोर-माँझा छोड़ आए हैं

उदासी साथ जाएगी हमें तन्हा न छोड़ेगी
बहुत लोगों को हम रोता बिलकता छोड़ आए हैं

वो सोंधी रोटियाँ हमको यहाँ कैसे मयस्सर हों
वो मिट्टी से बना हम अपना चूल्हा छोड़ आए हैं

पका कर रोटियाँ रखती थी माँ जिसमें सलीक़े से
निकलते वक़्त वो रोटी की डलिया छोड़ आए हैं

हमारे घर में बिल्ली और तोता साथ रहते थे
मुहब्बत हम तेरा असली नमूना छोड़ आए हैं

न ए-सी था न कूलर था मगर लू के ज़माने में
हमारा साथ देता था जो पंखा छोड़ आए हैं

हमें ये अशरफ़ी ये गिन्नियाँ अच्छी नहीं लगतीं
कहीं अपनी इकन्नी और अधन्ना छोड़ आए हैं

न जाने कितने चेहरों को धुआँ करके चले आए
न जाने कितनी आँखों को छलकता छोड़ आए हैं

मिठाई की दुकानें इसलिए अच्छी नहीं लगतीं
कि हम मेले में अपना राम-दाना छोड़ आए हैं

मुरव्वत, दोस्ती, इख़लाक़, अपनापन, मिलनसारी
यहाँ आते हुए क्या-क्या असासा छोड़ आए हैं

बिछा देते यहाँ पर तो ज़मीं ढूँढे नहीं मिलती
भदोही में जो क़ालीनों का टीला छोड़ आए हैं

हिमालय से निकलती हर नदी आवाज़ देती है
मियाँ आओ वुज़ू करलो ये जुमला छोड़ आए हैं

लखौरी से बने दो चार घर तो आज भी होंगे
जहाँ पुरखों की ख़ुशबू को भटकता छोड़ आए हैं

तुझे ऐ तश्नगी हम क्या बताएँ अपनी नादानी
घड़ौंची पर घड़ा मिट्टी का रक्खा छोड़ आए हैं

यहाँ आते हुए हर क़ीमती सामान ले आए
मगर इक़बाल का लिक्खा तराना छोड़ आए हैं

जनाबे "मीर" का दीवान तो हम साथ ले आए
मगर हम "मीर" के माथे का क़श्क़ा छोड़ आए हैं

मुहाजिर इसलिए कहलाएँगे हम रहती दुनिया तक
किसी का साथ छूटा है किसी का छोड़ आए हैं

न जाने कितनी क़िस्तें आँसुओं की और बाक़ी हैं
न जाने कितनी आँखों में बुरादा छोड़ आए हैं

मुहब्बत की कोई कोंपल पनपने ही नहीं पाती
हम अपनी जड़ में जो नफ़रत का मट्ठा छोड़ आए हैं

हमें मरने से पहले सबको ये ताकीद करनी है
किसी को मत बता देना कि क्या-क्या छोड़ आए हैं

यहाँ तक तो हमारी बे-हिजाबी हमको ले आई
हमारे सर पे इक चादर है बुर्क़ा छोड़ आए हैं

अगर हिजरत न की होती तो मस्जिद भी नहीं गिरती
रवादारी की जड़ में हम ही मट्ठा छोड़ आए हैं

यहाँ तो दीनदारी का चलन हद से ज़ियादः है
वहाँ सच मुच का इक अल्लाह वाला छोड़ आए हैं

वो टीपू जिसकी कुर्बानी ने हमको सुर्ख़ुरू रक्खा
उसी टीपू के बच्चों को अकेला छोड़ आए हैं

जिसे हम असलहे की तरह मिल-जुल कर चलाते थे
वो चरख़ा घर के इक कोने में रक्खा छोड़ आए हैं

अभी तक लू के मौसम में बराबर याद आता है
कि दस्तरख़्वान पर जामुन का सिरका छोड़ आए हैं

महीनों तक तो अम्मी नींद में भी बड़बड़ाती थीं
सुखाने के लिए छत पर पुदीना छोड़ आए हैं

अगर हिजरत ही करनी थी तो वापस हम अरब जाते
ज़रा सा इत्र लेकर मुश्के-नाफ़ा छोड़ आए हैं

अज़ाँ देते थे हम तो सुब्ह का आग़ाज़ होता था
हम उस बस्ती के सब लोगों को सोता छोड़ आए हैं

हमें जो भी सज़ा दी जाएगी वह कम से कम होगी
कुटी चाँदी में लिपटा ख़त किसी का छोड़ आए हैं

बहुत रोई थी हमको याद कर करके बाबरी मस्जिद
जिसे फ़िरक़ा-परस्तों में अकेला छोड़ आए हैं

पुरानी याद के मौसम बहुत तकलीफ़ देते हैं
सो हम यादों के दरवाज़े पे ताला छोड़ आए हैं

नमक लाहौर का खाते थे शायद इसलिए हम सब
नमक का हक़ अदा करने को तकिया छोड़ आए हैं

ग़िज़ा कितनी ही अच्छी हो हमें अच्छी नहीं लगती
हम अपनी माँ के हाथों में निवाला छोड़ आए हैं

न जाने क्यों हमें रह-रह के ये महसूस होता है
कफ़न हम लेके आए हैं जनाज़ा छोड़ आए हैं

हमें रह-रह के दादा का ये जुमला याद आता है
वहीं लगता है हम शायद शलूका छोड़ आए हैं

गुज़रते वक़्त बाज़ारों से अब भी ध्यान आता है
किसी को उसके कमरे में सँवरता छोड़ आए हैं

हमारा ख़ून भी शामिल था आज़ादी की जंगों में
हम अपने ख़ून से लिक्खा नविश्ता छोड़ आए हैं

अलग मज़हब यक़ीनन थे मुहब्बत एक जैसी थी
गले मिलने के दिन आए तो क़स्बा छोड़ आए हैं

भगत सिंह को भी हम दादे-शुजाअत दे नहीं पाये
ये मौक़ा मिल गया था हम ये मौक़ा छोड़ आए हैं

कहाँ लाहौर को हम शहरे-कलकत्ता समझते थे
कहाँ हम कहके दुश्मन का इलाक़ा छोड़ आए हैं

कहीं भी बैठती थीं जब फुफी अम्मी तो कहती थीं
सुहागन होके हम चूड़ी का झोला छोड़ आए हैं

अभी तक हमको मजनूँ कहके कुछ साथी बुलाते हैं
अभी तक याद है हमको कि लैला छोड़ आए हैं

न जाने बकरियाँ बांधीं किसी ने या नहीं बांधीं
हम अपनी गाय को खेतों में चरता छोड़ आए हैं

मियाँ कह कर हमारा गाँव हम से बात करता था
ज़रा सोचो तो हम भी कैसा ओहदा छोड़ आए हैं

जनाबे "दाग़" के लहजे की तुर्शी है न शीरीनी
ज़बाने देहलवी का हुस्न सारा छोड़ आए हैं

हमारे वास्ते दुश्वार है ये फ़ैसला करना
दबिस्ताने-अवध छूटा कि मीठा छोड़ आए हैं

वो इंजन के धुएँ से पेड़ का उतरा हुआ चेहरा
वो डिब्बे से लिपट कर सबको रोता छोड़ आए हैं

वहाँ काग़ज़ की कश्ती भी बहुत इठला के चलती थी
हम अपने घर के आँगन में जो दरिया छोड़ आए हैं

ग़ज़ल में हम ने हिजरत के बहुत से दुख समेटे हैं
समन्दर क़ैद था जिसमें वो कूज़ा छोड़ आए हैं

अभी तक याद हैं वो पेड़ हमको लाल इमली के
ज़िन्हें हर रास्ते में इक्का-दुक्का छोड़ आए हैं

हमें बिछड़े हुए बासठ बरस होने को आ पहुँचे
मगर लगता है जैसे जख़्मे-ताज़ा छोड़ आए हैं

अगर हम ध्यान से सुनते तो मुमकिन है पलट जाते
मगर "आज़ाद" का ख़ुतबा अधूरा छोड़ आए हैं

अभी तक रंग सारे याद हैं अपनी पतंगों के
जिन्हें हम पेड़ की शाख़ों में उलझा छोड़ आए हैं

नदी के मोड़ पर अब तक हमारी मुन्तज़िर होगी
वो इक कश्ती जिसे हम और अब्बा छोड़ आए हैं

अभी तक राह तकती होगी बैलों की नई जोड़ी
अभी तक मुंतज़िर होगा जो तांगा छोड़ आए हैं

हमारा पालतू कुत्ता हमें पहुँचाने आया था
वो बैठा रो रहा था उसको रोता छोड़ आए हैं

वो इक उभरी हुई पीपल की जड़ थी कुर्सियों जैसी
जहाँ कुछ साथियों को अपने बैठा छोड़ आए हैं

तू इतनी बेरुख़ी से चाँद हमसे बात करता है
हम अपनी झील में इक चाँद उतरा छोड़ आए हैं

कई जख़्मों की पपड़ी में नमी मौजूद है अब तक
कई यादों की तुरपाई को उधड़ा छोड़ आए हैं

अभी तक आग ढलती देखते ही ध्यान आता है
कि भूभल में शकरक़न्दों को रक्खा छोड़ आए हैं

भतीजी अब सलीक़े से दुपट्टा ओढ़ती होगी
वहीं, झूले में हम जिसको हुमकता छोड़ आए हैं

हमें ख़ुद भी नहीं मालूम ऐसा क्यों किया हम ने
ग़ज़ल की सिन्फ़ ले आए हैं नौहा छोड़ आए हैं

बहुत मुश्किल है अब उम्रे-गुज़िश्ता लौट कर आना
बहुत मुश्किल है मिलना जो मुरब्बा छोड़ आए हैं

कहाँ से लाएँ हम आख़िर चने के साग की सब्ज़ी
कहाँ से लाएँ मिट्टी की जो हंडिया छोड़ आए हैं

कहीं से भी न कटने दी ज़रा सी झील की मिट्टी
हम उसकी आँख में काजल का डोरा छोड़ आए हैं

पड़े थे ज़ब्त के चेहरे पे काफ़ी ख़ुशनुमा पर्दे
मगर जब रोए तो घर भर को रोता छोड़ आए हैं

महीने भर में चेहरे झुर्रियों की ज़द में आ पहुँचे
नदी का बाँध टूटा गाँव डूबा छोड़ आए हैं

महीनों तक हँसी होंटों की नंगे सर निकलती थी
महीनों तक हम आँखों को बरसता छोड़ आए हैं

वो मिलना और हँस देना बिछड़ना और रो देना
लकीरें खींच कर ये सब तमाशा छोड़ आए हैं

किसी के सर पे पगड़ी थी कोई दस्तार बाँधे था
कई फूलों को इक गमले में खिलता छोड़ आए हैं

वो होली खेलते बच्चे गले मिलते हुए बूढ़े
मुक़द्दस प्यार के रंगों को बिखरा छोड़ आए हैं

वो इक त्योहार में घर की फ़सीलों पर दिये रखना
अब आँखें पूछती हैं क्यों उजाला छोड़ आए हैं

ये हमने किसके कहने पर बहाईं ख़ून की नदियाँ
ये हम इक दूसरे को क्यों अकेला छोड़ आए हैं

शहादत हमने मिल-जुल कर वतन के वास्ते दी थी
फिर आख़िर किसलिए जलयान वाला छोड़ आए हैं

मियाँ इतने बरस के बाद भी हम ये नहीं समझे
गुरूबानी को छोड़ा है कि सजदा छोड़ आए हैं

वो जौहर हों, शहीद अशफ़ाक़ हों, चाहे भगत सिंह हों
हम अपने सब शहीदों को अकेला छोड़ आए हैं

उधर का कोई मिल जाए इधर तो हम यही पूछें
हम आँखें छोड़ आए हैं कि चश्मा छोड़ आए हैं

ख़ुद अपनी दीनदारी पर निदामत होने लगती है
ख़्याल आता है जब भी हम मुसल्ला छोड़ आए हैं

खुले मैदान में सोते हैं जब तो याद आता है
कि हम आँगन में अपने पेड़ बूढ़ा छोड़ आए हैं

जिसे ज़िद करके हमने अपने बचपन में ख़रीदा था
यहाँ आते हुए हम वो खिलौना छोड़ आए हैं

जो इक पतली सड़क उन्नाव से मोहान जाती है
वहीं हसरत के ख़्वाबों को भटकता छोड़ आए हैं

अभी तक प्यास की शिद्दत में हमको याद आता है
कि आँगन में कुआँ पानी का मीठा छोड़ आए हैं

अभी तक नींद आँखों से लड़ाई करती रहती है
कि हम ख़्वाबों को अपने क्यों अधूरा छोड़ आए हैं

अंधेरे की तरफ़ बढ़ते हुए ये तक नहीं सोचा
कि हम अपने घरों में क्यों उजाला छोड़ आए हैं

ज़बानें ज़ाइक़े से इसलिए महरूम रहती हैं
हम इमली छोड़ आए हैं करौंदा छोड़ आए हैं

यक़ीं आता नहीं, लगता है कच्ची नींद में शायद
हम अपना घर, गली, अपना मुहल्ला छोड़ आए हैं

ज़मीं आँखों से ओझल हो गयी तब जा के ध्यान आया
समन्दर की मुहब्बत में जज़ीरा छोड़ आए हैं

वो बरगद जिसके नीचे रोज़ इक चौपाल लगती थी
उसी बरगद को हम मायूस-ओ-तन्हा छोड़ आए हैं

हवा जिसको उड़ाकर ले गयी थी बेर के ऊपर
बहन कहती रही लेकिन दुपट्टा छोड़ आए हैं

वो चेहरा क्या था अलबम थी मुहल्ले भर के चेहरों की
गली के मोड़ पर जो पान वाला छोड़ आए हैं

हमारे लौट आने की दुआएँ करता रहता है
हम अपनी छत पे जो चिड़ियों का जत्था छोड़ आए हैं

हमें लू के थपेड़े इसलिए झुलसाए देते हैं
कि हम दालान में इक ख़स का पर्दा छोड़ आए हैं

यहाँ से हम अगर जाएँ तो शायद भूल जाएंगे
कि इक मुद्दत हुई है हम वो रस्ता छोड़ आए हैं

कुएँ से बाल्टी जो ढूंढ़ने में काम आता था
वो जज़्बा छोड़ आए हैं वो काँटा छोड़ आए हैं

करोड़ों का ये बंगला इसलिए चुभता है आँखों में
हम अपने गाँव की मस्जिद को कच्चा छोड़ आए हैं

हमारी माँ हमारे वास्ते मेले से लाई थी
हम आते वक़्त मिट्टी का वो प्याला छोड़ आए हैं

न चाहत इस तरफ़ बाक़ी न चाहत उस तरफ बाक़ी
मुहब्बत का वरक़ लगता है सादा छोड़ आए हैं

हमें शतरंज के इस खेल में कितनी महारत थी
तो फिर पिटने की ख़ातिर क्यों पियादा छोड़ आए हैं

वहाँ की ख़ाक भी मुम्किन है हमसे फ़ासला रक्खे
कि हम आते हुए उसका भरोसा छोड़ आए हैं

ग़ज़ल में नादिराकारी बड़ी मुश्किल से आती है
जहाँ आसान था ये फ़न वो क़स्बा छोड़ आए हैं

जहाँ हम चाय पीने के बहाने रोज़ मिलते थे
यहाँ आते हुए वो चायख़ाना छोड़ आए हैं

अभी तक आके सावन हर बरस हमको बताता है
कि हम इक नीम की शाख़ों में झूला छोड़ आए हैं

हमारी जिन्दगी की दास्ताँ कैसे मुकम्मल हो
इक हिस्सा साथ लाना था इक हिस्सा छोड़ आए हैं

हमें उस गाँव की पगडन्डियाँ आवाज़ देती हैं
जहाँ यादों की चादर को मसकता छोड़ आए हैं

वतन का इस तरह तक़्सीम हो जाना क़यामत है
किसी से क्या गिला जब ख़ुद ठिकाना छोड़ आए हैं

हमें रमज़ाँ के आने पर हमेशा याद आता है
सफ़ेदी के लिए मस्जिद में चूना छोड़ आए हैं

बुरा लगता है अपना लान भी जब याद आता है
कि हम सूरज की ज़द पर एक गमला छोड़ आए हैं

न जाने शब की तन्हाई में घर वालों पे क्या गुज़री
कि हम चौखट में इक टूटा किवाड़ा छोड़ आए हैं

हम अपनी जाँ बचाकर इस तरफ़ तो आ गये लेकिन
कई शहरों को हम जलता-सुलगता छोड़ आए हैं

कहाँ तक हम लिए फिरते पुरानी याद का मलबा
जो पुरखों ने बसाया था मुहल्ला छोड़ आए हैं

ज़मींदारों में गिनती तो नहीं थी हाँ ज़मीनें थीं
कई बीघों का हम अपना अहाता छोड़ आए हैं

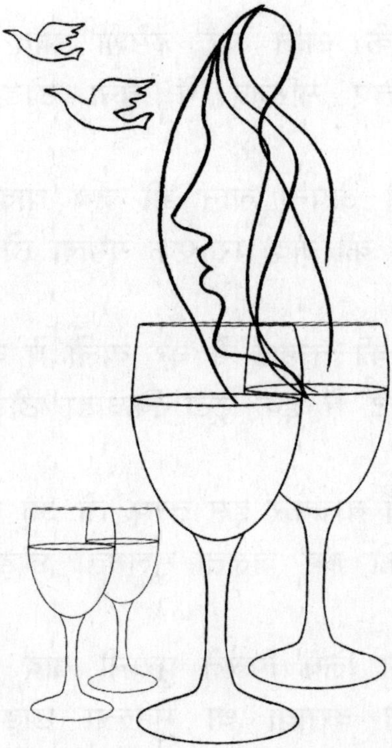

न कुछ खाने को जी चाहे न कुछ पीने को जी चाहे
हम अपने हम-निवाला हम-पियाला छोड़ आए हैं

सफ़र से क़ब्ल हमको इस्तख़ारा देख लेना था
बिना देखे हुए हम शह्र अपना छोड़ आए हैं

लुभा पाई न "फ़ानी" की हमें वो सादा-लौही भी
हम उनकी चश्मे-नम को भी बरसता छोड़ आए हैं

जो पगडंडी हमारे गाँव से उस गाँव जाती थी
उसे सैलाब के पानी में बहता छोड़ आए हैं

पलटकर मस्जिदे-जामा की सीढ़ी को नहीं देखा
वहीं "आज़ाद" को आवाज़ देता छोड़ आए हैं

पुरानी याद के जख़्मों को आओ छेड़कर देखें
जहां पर अपने ज़ख़्मों का दुशाला छोड़ आए हैं

जहाँ के आलिमों से सारी दुनिया दर्स लेती है
वो **तकिया** छोड़ आए हैं वो नदवा छोड़ आए हैं

अभी तक इल्मो-हिकमत का जहाँ से फ़ैज़ जारी है
बरेली में हम ऐसा एक रौज़ा छोड़ आए हैं

तबीअत जब भी घबराती थी जाकर बैठ जाते थे
हमें अफ़सोस है हम **शाहमीना** छोड़ आए हैं

हर इक तहरीर जिसकी मुस्तनद है सारी दुनिया में
हुसैन अहमद का वो रौशन-सहीफ़ा छोड़ आए हैं

वो बैठक हाँ वही बैठक अरे हाँ हाँ वही बैठक
वहीं तो जल्दबाज़ी में वो हुक़्क़ा छोड़ आए हैं

किसी नक़्क़ाश के दस्ते-हुनर ने फूल टाँके थे
वो हुक़्क़ा क्या मुरादाबाद सारा छोड़ आए हैं

अभी तक उसकी ख़ुशबू से मुअत्तर हैं कई यादें
अभी तक ऐसा लगता है कि ताज़ा छोड़ आए हैं

सियासत है, रऊनत है, अदावत है, बग़ावत है
वबाएँ साथ लाए हैं मसीहा छोड़ आए हैं

कई दिन धूप भी निकली मगर मौसम नहीं बदला
हमेशा के लिए रिश्तों पे कोहरा छोड़ आए हैं

वो पगडंडी जो सीधे घर से स्टेशन को जाती थी
उसी पर अपने बचपन का ज़माना छोड़ आए हैं

बया का घोंसला, मैना की बोली, कूक कोयल की
जहाँ ये साज़ थे सारे वो बगिया छोड़ आए हैं

मुहब्बत की शुआओं से जो अबतक जगमगाता है
वो अपना ताज मर-मर से तराशा छोड़ आए हैं

जहाँ मिल जुल के खाते थे सिवइयों और गुझियों को
न जाने क्यों वो दस्तरख़्वान अपना छोड़ आए हैं

गले मिलती थीं आपस में जहाँ पर मुख़्तलिफ़ क़ौमें
वहां का किसलिए हम आबो-दाना छोड़ आए हैं

दशहरे में जहाँ हर साल रावन को जलाते थे
उसी टीले पे जलने को क़बीला छोड़ आए हैं

बड़ी शर्मिन्दगी होती है जब भी सोच लेते हैं
कि हम **अजमेर कलियर** और **देवा** छोड़ आए हैं

अक़ीदत से जहाँ लोगों ने अपने सर झुकाए थे
वो हुजरा छोड़ आए हैं वो कुटिया छोड़ आए हैं

हमीं **ग़ालिब** से नादिम हैं हमीं **तुलसी** से शर्मिन्दा
हमीं ने मीर को छोड़ा हैं मीरा छोड़ आए हैं

हमें हिजरत की इस अंधी गुफा में याद आता है
अजन्ता छोड़ आए हैं **एलोरा** छोड़ आए हैं

विदा होने को थी बेटी हमारे एक साथी की
तरक़्क़ी की तमन्ना में वो न्योता छोड़ आए हैं

जो मन्दिर और मस्जिद गुफ़्तगू करते थे आपस में
हम उनको बेसबब ही करके गूँगा छोड़ आए हैं

पड़ोसी ने जो आलू के पराठे तल के भेजे थे
हम स्टेशन की बेन्चों पर वो खाना छोड़ आए हैं

बहुत मुमकिन है दोज़ख़ भी हिक़ारत से हमें देखे
कि हम वीरान करके घर ख़ुदा का छोड़ आए हैं

हमारी कम-निगाही की सज़ा हैं फूल काग़ज़ के
कँवल के फूल को कीचड़ में खिलता छोड़ आए हैं

हमारे सरफिरेपन की निशानी तक नहीं बाक़ी
गुलेलें छोड़ आए हैं निशाना छोड़ आए हैं

वो गोशा जो इबादत के लिए मख़सूस था घर में
वहीं तस्बीह छूटी है मुसल्ला छोड़ आए हैं

अलग मज़हब के थे लेकिन दुखों में साथ रहते थे
हम ऐसी दोस्ती का रंग कच्चा छोड़ आए हैं

अब अपनी बेबसी पर बैठकर रोते हैं हम पहरों
हैं अपने पास चंद आँसू बक़िय्या छोड़ आए हैं

गली ने पाँव पकड़े रास्ते ने रोकना चाहा
मगर देते हुए हम सबको झटका छोड़ आए हैं

बज़ाहिर तो ख़ुशी की पोटली हमराह थी अपने
मगर सच्ची मसर्रत का ख़ज़ाना छोड़ आए हैं

सभी त्योहार मिल-जुल कर मनाते थे वहाँ जब थे
दिवाली छोड़ आए हैं **दशहरा** छोड़ आए हैं

वुज़ू के वास्ते पानी ही पानी था जिधर देखो
वो झीलें छोड़ आए हैं वो झरना छोड़ आए हैं

कहाँ दंगे नहीं होते कहाँ इंसाँ नहीं मरते
तो क्यों अपने वतन को करके रुसवा छोड़ आए हैं

हिफ़ाज़त के लिए मस्जिद को घेरे हों कई मंदिर
रवादारी का ये दिलकश नज़ारा छोड़ आए हैं

हिमालय सर उठाए आज तक आवाज़ देता है
उसे लगता है जैसे साथ उसका छोड़ आए हैं

पतंगों के लिए माँझा मँगाया था बरेली से
उसे हम चर्ख़ियों में यूँही लिपटा छोड़ आए हैं

कुछ ऐसी धार थी उसमें कि पत्थर काट देता था
बरेली की दुकानों में जो माँझा छोड़ आए हैं

ख़्याल आता है अक्सर धूप में बाहर निकलते ही
हम अपने गाँव में पीपल का साया छोड़ आए हैं

बहुत क़िस्में मिठाई की नहीं होती थीं ये सच है
मगर हम गाँव में चाहत का शीरा छोड़ आए हैं

वही लड़ना-झगड़ना और फिर से एक हो जाना
वहीं हम रेशमी रिश्तों को उलझा छोड़ आए हैं

हम अपनी बे बसी पर अब कफ़े-अफ़सोस मलते हैं
कि ख़्वाजा आपका भी आस्ताना छोड़ आए हैं

सड़क कच्ची जहाँ तक थी वहाँ तक साथ थे हम सब
मगर पक्की सड़क मिलते ही क़स्बा छोड़ आए हैं

इमामुल-हिन्द की नगरी भी पीछे रह गई आख़िर
उसी के पास हम अपना कछौछा छोड़ आए हैं

बवक़्ते-रुख़सती छोटे बड़े मौजूद रहते थे
वो गुड़िया छोड़ आए हैं वो गुड्डा छोड़ आए हैं

जहाँ अपनी फ़क़ीरी मुस्तनद थी एक अर्से से
हवस के वरग़लाने पर वो कुटिया छोड़ आए हैं

मुहल्ले के सभी बच्चे जहाँ मिल-जुल के पढ़ते थे
न जाने किसलिए वो पाठशाला छोड़ आए हैं

उसी में भाई **जुम्मन राम** का किरदार करते थे
अभी तक याद है जो **राम-लीला** छोड़ आए हैं

जहाँ अकबर ने रिश्ता करके बुनियादे-वफ़ा रक्खी
वफ़ादारों का वो सच्चा इलाक़ा छोड़ आए हैं

ज़मीने-नानक-ओ-चिश्ती, ज़बाने-ग़ालिब-ओ-तुलसी
ये सब कुछ पास था अपने ये सारा छोड़ आए हैं

रवादारी की चिलमन को सियासत ने कुतर डाला
हम अपने दीन का अव्वल फ़रीज़ा छोड़ आए हैं

न जाने कैसी आँधी थी कि सब कुछ उड़ गया उसमें
हम अपनी राह तकता गुरू द्वारा छोड़ आए हैं

जहाँ रूहानियत की खुशबुएँ चक्कर लगाती थीं
सुकूने-दिल जहाँ मिलता था रौज़ा छोड़ आए हैं

सदा आदाब की आती हुई हर एक जानिब से
रवादारी का बख़्शा एक तमग़ा छोड़ आए हैं

मुहब्बत से मिले थे चोली-दामन मुद्दतों पहले
ज़बाँ हम साथ ले आए हैं भाषा छोड़ आए हैं

वो **आज़म गढ़** वो **शिबली** का वतन भी छुट गया आख़िर
वो इल्म-ओ-दीं का हम रौशन इदारा छोड़ आए हैं

दुआओं की हमेशा सर पे ठंडी छाँव रहती थी
कई सदियों पुराना शामियाना छोड़ आए हैं

दुआ के फूल पंडित जी जहाँ तक़्सीम करते थे
गली के मोड़ पर हम वो शिवाला छोड़ आए हैं

हमें अपनी तहारत पर हमेशा नाज़ रहता था
मगर हम दोस्ती को करके मैला छोड़ आए हैं

हमें बहका के ले आई सियासत किस ख़राबे में
चमन को हो चुका है एक अर्सा छोड़ आए हैं

न जाने अब तलक महफ़ूज़ होगा या नहीं होगा
वो कत्बा जिसको हम मिट्टी में धँसता छोड़ आए हैं

यहाँ तो सर्दियों में भी पसीना आता रहता है
वहाँ तो दाँत बजते थे वो जाड़ा छोड़ आए हैं

दिया था हमको शीशम का जो इक साथी ने बनवाकर
मुरव्वत की निशानी था जो बल्ला छोड़ आए हैं

सड़क की दोनों जानिब हाथ बाँधे पेड़ मिलते थे
उसी जंगल में इक ठाकुर का ढाबा छोड़ आए हैं

बिछी रहती थीं ढाबे पर कई दर्जन पलंगें भी
उन्हीं पर हम जवानी का ज़माना छोड़ आए हैं

यहाँ हम पान कब खाते हैं बस पत्ते चबाते हैं
वहाँ पानों का हम गड्डे का गड्डा छोड़ आए हैं

मज़ा मुँह का बदलने के लिए हम पान क्या खाएँ
वो चूना भी नहीं मिलता वो कत्था छोड़ आए हैं

वहीं थीं ककड़ियाँ लैला की नाजुक उँगलियों जैसी
वहीं मजनूँ की पसली का नमूना छोड़ आए हैं

अभी तक ये निगाहें ढूँढती हैं उन खिलौनों को
शकर वाले खिलौने जिनको बनता छोड़ आए हैं

यहाँ हम खुद से कब आए हमें मजबूरियाँ लाईं
यहाँ हम आ गये हैं दिल को अटका छोड़ आए हैं

अगर तारीख़ पूछेगी तो उसको क्या बताएंगे
कि हम **बाले मियाँ** को क्यों कुँवारा छोड़ आए हैं

यहाँ इक दूसरे से दुश्मनी करना सियासत है
इसी ख़ातिर सियासत तेरा कोठा छोड़ आए हैं

छलक जाती हैं आँखें जब कभी ये सोच लेते हैं
कि हम चम्बल की ज़द पर अपना बाँदा छोड़ आए हैं

वो शहरे-लखनऊ जिस पर ज़माना नाज़ करता था
हम उसकी गुफ़्तगू उसका सलीक़ा छोड़ आए हैं

सलामो-मनक़बत की महफ़िलें और मर्सिया-ख़्वानी
अज़ादारी का हम कैसा महीना छोड़ आए हैं

मुहर्रम की सबीलें, मजलिसें और आग पर मातम
न पूछो लखनऊ में और क्या-क्या छोड़ आए हैं

कई सदियों के क़िस्से मुँहज़बानी याद हैं जिसको
वो देहली और उसका लाल क़िलआ छोड़ आए हैं

अज़ीमाबाद की आँखें अभी तक लाल रहती हैं
हम उन आँखों को चलते वक़्त रोता छोड़ आए हैं

वो लीची से लदे पेड़ों का ख़ामोशी से मुँह तकना
मुज़फ़्फ़पूर हम तुझको अकेला छोड़ आए हैं

बनारस याद करता है अभी तक जाने वालों को
बनारस ऐ **बनारस** तुझको हम क्या छोड़ आए हैं

सिखाते थे जहाँ बुंदू मियाँ हर शाम को कुश्ती
हम इतने ख़ुद-ग़रज़ हैं वो अखाड़ा छोड़ आए हैं

जहाँ की ख़ाक मलकर जिस्म को लोहा बनाते थे
वो झाँसी छोड़ आए हैं वो दतिया छोड़ आए हैं

हमें भोपाल छोड़ आने का इतना ग़म नहीं होता
मगर सब ताल छूटे हर तलैया छोड़ आए हैं

गुज़र औक़ात को मिल जाये जो कुछ भी ग़नीमत है
मगर दिल्ली में असली रूह-अफ़्ज़ा छोड़ आए हैं

अलीगढ़ में जो बीते थे वही तो क़ीमती दिन थे
नुमाइशगाह में यादों का मेला छोड़ आए हैं

अलीगढ़ की वो दानिशगाह और वो चाय का होटल
वो मक्तब छोड़ आए हैं ठिकाना छोड़ आए हैं

जिसे लिक्खा गया था आँसुओं की रौशनाई से
मजाज़े-बेनवा का वो तराना छोड़ आए हैं

जुड़ी रहती हैं यादों से बहुत सी और भी यादें
बनारस हम सिवइयाँ और लच्छा छोड़ आए हैं

गले मिलती हुई नदियाँ गले मिलते हुए मज़हब
इलाहाबाद में कैसा नज़ारा छोड़ आए हैं

कहीं ननिहाल थी अपनी कहीं ददियाल था अपना
वो मुंशीगंज भांव और कचौंदा छोड़ आए हैं

अवध को ख़्वाब में देखें तो आख़िर किस तरह देखें
मलीहाबाद–काकोरी–सण्डीला छोड़ आए हैं

हमें सूरज की किरनें इसलिए तकलीफ़ देती हैं
अवध की शाम काशी का सवेरा छोड़ आए हैं

कराची तेरी ख़ातिर मुम्बई भी रह गयी पीछे
तेरी चाहत में पूना और खंडाला छोड़ आए हैं

रियासत टोंक से मिस्ले–मुहाजिर हम चले आए
गुलाबी शह्र को छोड़ा है कोटा छोड़ आए हैं

गुलाबों की भरी फ़स्लें अभी तक मुंतज़िर होंगी
सिकंदरपूर, ग़ाज़ीपूर, बलिया छोड़ आए हैं

यहाँ किसको बताएँ कौन है जो इसको समझेगा
कि हम सम्भल का तहज़ीबी इलाक़ा छोड़ आए हैं

कहाँ की भूख कैसी प्यास कैसा होश में रहना
किसी के हाथ में शरबत का प्याला छोड़ आए हैं

हमेशा की तरह पंजाब ही ज़द में चला आया
जिसे दोनों तरफ़ से करके छोटा छोड़ आए हैं

इलाहाबाद छोड़ आने का अब तक रंज होता है
वहाँ की बेग़रज़ चाहत को बेजा छोड़ आए हैं

कल इक अमरूद वाले से ये कहना पड़ गया हमको
जहाँ से आए हैं इस फल की बगिया छोड़ आए हैं

वो हैरत से हमें तकता रहा कुछ देर, फिर बोला
वो संगम का इलाक़ा छुट गया या छोड़ आए हैं

अभी हम सोच में गुम थे कि उससे क्या कहा जाए
हमारे आँसुओं ने राज़ उगला छोड़ आए हैं

कराची का ये हलवा बम्बई में भी तो मिलता था
तो फिर क्यों मुम्बई को हम सिसकता छोड़ आए हैं

अभी तक हमको अपने मालवा की याद आती है
जहाँ का ज़ाइक़ा छूटा है पोहा छोड़ आए हैं

यहाँ तक आते-आते अजनबी होती गयी खुशबू
दसहरी भी वहीं छूटी सफ़ेदा छोड़ आए हैं

युँही सावन बरसता था युँही बिजली चमकती थी
इसी मौसम में हम आमों की बगिया छोड़ आए हैं

हरे क़ालीन सी वो घाँस जिस पर सोए थे अक्सर
यहाँ आते हुए हम वो बिछौना छोड़ आए हैं

सुनहरे हो चले थे रफ़्ता-रफ़्ता सारे फल उनके
अहाते में जो लेमू और पपीता छोड़ आए हैं

अभी तक गोमती से कोई पूछे तो बताती है
ग़ज़ल सुनते थे जिस बजरे पे बजरा छोड़ आए हैं

अभी तक बच्चियों को नीम के तिनके बुलाते हैं
उन्हें कुदरत ने बख़्शा था जो तोहफ़ा छोड़ आए हैं

न तोता-चश्म थे हम और न ऐसे बे-मुरव्वत थे
मगर आते हुए तोते का पिंजरा छोड़ आए हैं

उसी के शहद की बूंदें हमें आवाज़ देती हैं
हम अपने नीम पे जो एक छत्ता छोड़ आए हैं

किसी के वास्ते जयपूर से जो लेके आए थे
वो चुनरी छोड़ आए हैं वो लंहगा छोड़ आए हैं

बनाकर घोंसला रहता था गौरय्ये का एक जोड़ा
न जाने किसलिए हम साथ उसका छोड़ आए हैं

अभी तक ज़ाइक़ा भूली नहीं है ये ज़बाँ उनका
नहारी छोड़ आए हैं वो कुल्चा छोड़ आए हैं

अजब होती है तूफ़ानों से लड़ने की ये ख़्वाहिश भी
समन्दर हम तेरी ख़ातिर जज़ीरा छोड़ आए हैं

खड़ी थीं सर उठाए बालियाँ धानों के खेतों में
मगर हम शौक़े-गन्दुम में वो ख़ित्ता छोड़ आए हैं

सियासी साँप हमको इस तरह डसते नहीं लेकिन
पला था जो हमारे साथ नेवला छोड़ आए हैं

लदे रहते थे गहनों से दरख़्तों के बदन सारे
उसी मौसम में हम शाख़ों को फलता छोड़ आए हैं

बहुत चुप-चुप से रहते हैं शिकायत भी नहीं करते
कि ऐ ख़ाके-वतन हम साथ तेरा छोड़ आए हैं

हमारी दोस्ती रहती थी हर मौसम के फूलों से
हम अपने घर के आंगन को महकता छोड़ आए हैं

जहाँ तक भी नज़र जाती थी सब अपनी जमीनें थीं
हम अपना दबदबा अपना इलाक़ा छोड़ आए हैं

वो डलिया जिससे बचपन रोज़ गौरय्या पकड़ता था
हम उस डलिया को इक कोने में रक्खा छोड़ आए हैं

हुनर बुनते हुए जिसको दिखाती थी मेरी बेटी
उठाते वक़्त दस्तरख़्वान डलिया छोड़ आए हैं

अदब से पेश आएँ अपनी मौजों से ज़रा कह दे
समन्दर हम तेरी ख़ातिर किनारा छोड़ आए हैं

समन्दर अब वही लहरें हमें आँखें दिखाती हैं
वो जिन लहरों की ख़ातिर हम किनारा छोड़ आए हैं

बुज़ुर्गों की बनाई वो इमारत गिर गयी होगी
यहाँ आते हुए हम जिसको भैया छोड़ आए हैं

अब उठते-बैठते हम पर हवस ये तंज़ करती है
क़नाअत के सबक़ को हम अधूरा छोड़ आए हैं

हवस ये लुक़्म-ए-तर की कहाँ लेकर चली आई
क़लन्दर होके भी हम दाल-दलिया छोड़ आए हैं

शराफ़त थी नजाबत थी मुरव्वत थी मुहब्बत थी
ये सारा क़ीमती सामान बिखरा छोड़ आए हैं

उतरती धूप आँगन में घड़ी का काम करती थी
हर इक मौसम को पढ़ने का तरीक़ा छोड़ आए हैं

वो रोशनदान जिसमे फ़ाख़्ताओं का बसेरा था
बनाकर हम उसे साँपों का डेरा छोड़ आए हैं

परिन्दों की गुज़ारिश पर भी हम ने कब क़दम रोके
सदा देता हुआ हम इक पपीहा छोड़ आए हैं

सदा-ए-रेहल ने रोका मगर रुक ही नहीं पाये
यहाँ आने की जल्दी में सिपारा छोड़ आए हैं

वो इक कोहे-निदा थी ग़ालिबन जो खींच लाई थी
यहाँ पहुँचे तो याद आया कि कुन्बा छोड़ आए हैं

अभी तक याद है हाजी अली दरगाह का मंज़र
समन्दर को जहाँ ठहरा हुआ सा छोड़ आए हैं

फ़रिश्ते दो मुक़र्रर थे फ़क़त आमाल लिखने को
हमें लगता है जैसे इक फ़रिश्ता छोड़ आए हैं

वो जिनके साथ मिल-जुल कर सज़ाएँ हम ने काटी थीं
हम उन लोगों को भी हैरत में डूबा छोड़ आए हैं

ग़रारे के लिए गोटा मँगाया था जो दिल्ली से
उसे रक्खा हुआ वैसा का वैसा छोड़ आए हैं

ये जब भी याद आता है तो आँखें भीग जाती हैं
कि जो भी ख़्वाब देखा था सुनहरा छोड़ आए हैं

हम अपने साथ तस्वीरें तो ले आए हैं शादी की
किसी शायर ने लिक्खा था जो सेहरा छोड़ आए हैं

कई गोरे अभी तक दूर बैठे हँस रहे होंगे
कि दो क़ौमों में वो साही का काँटा छोड़ आए हैं

जनाबे-**जोश** ने सच्चाई लिक्खी हो गये रुसवा
हमीं अच्छे थे भारत का क़सीदा छोड़ आए हैं

हवस ही हमको लाई है हवस के साथ रहना है
वरासत में मिला वो फ़क्रो-फ़ाक़ा छोड़ आए हैं

घने जंगल में दाख़िल हो गये तब हमको ध्यान आया
कि हम बस्ती में अपनी इक सपेरा छोड़ आए हैं

किसी आहट पे भी फ़ौरन पलट के देखना घर को
दरो-दीवार को आवाज़ देता छोड़ आए हैं

वो हिजरत थी कि मय्यत थी तमाशा बन गये थे हम
घड़ी रुख़्सत की आई सब को गूंगा छोड़ आए हैं

सहर होते ही चिड़ियों की तिलावत याद आती है
वो सुब्हें कब थीं हम तो दूध-मैदा छोड़ आए हैं

नहीं मालूम था जन्नत की भी तक़्सीम होती है
मगर कश्मीर तुझको हम अधूरा छोड़ आए हैं

मिलावट के ज़माने में ज़ियादः याद आता है
कि अपनी भैंस अपना दूध वाला छोड़ आए हैं

अंधेरा शाम का होते ही अब भी याद आता है
कि हम इक ताक़ पर रक्खा उजाला छोड़ आए हैं

सियासत भी हमारी ताश के पत्तों की सी निकली
वज़ीरो-शह तो ले आए हैं इक्का छोड़ आए हैं

मुहल्ले का मुहल्ला कर रहा था बे सबब हिजरत
सो हम भी घर को अपने ला-मुहाला छोड़ आए हैं

हमें ये खनखजूरे आजकल आँखें दिखाते हैं
कि हम साँपों के बिल में हाथ अपना छोड़ आए हैं

जिसे कुदरत का हर मौसम सलामी देने आता था
वो परबत जिसको कहते हैं हिमाला छोड़ आए हैं

उठा लाई हवा हिजरत की हमको अजनबी घर में
कई सदियों पुराना अपना हुजरा छोड़ आए हैं

किसी कमज़ोर को हम साथ में अपने नहीं लाए
रठौल **अनवर** को ले आए हैं लंगड़ा छोड़ आए हैं

बड़ी अम्मी अब अपने नाती पोतों को बताती हैं
कि पल्लू में बँधा चाबी का गुच्छा छोड़ आए हैं

कचहरी से पलटते थे तो अब्बू ले के आते थे
बराती लाल की रबड़ी का दोना छोड़ आए हैं

अभी तक याद है **क़ादिर** का हलवा गाजरों वाला
सुलाकी लाल की लस्सी का जलवा छोड़ आए हैं

ये इक टुकड़ा ज़मीं का पा के कैसे मुतमइन होंगे
नहीं हरगिज़ नहीं हम शाही-टुकड़ा छोड़ आए हैं

जुदा होना हमेशा के लिए दुश्वार मंज़िल है
हम उस रस्ते में सबको टूटा-फूटा छोड़ आए हैं

तसल्ली देने वाला भी तो हिम्मत हार जाता है
कहाँ ज़िन्दा बचा था कोई लाशा छोड़ आए हैं

मुसाफ़त में न जाने कैसे-कैसे काम आता था
न जाने किसलिए हम वो अंगौछा छोड़ आए हैं

यहाँ अर्ज़े-दकन की सादगी ढूंढ़े नहीं मिलती
यहाँ आते हुए वो भी ख़ज़ाना छोड़ आए हैं

दकन के हुक्मरानों का ज़माना याद आता है
वफ़ादारों को कटता और मरता छोड़ आए हैं

बिछड़ते वक़्त की वो सिसकियाँ वो फूट कर रोना
कि जैसे मछलियों को हम तड़पता छोड़ आए हैं

जहाज़ों की तरह मुर्ग़ाबियाँ झीलों पे आती थीं
मगर वैसा न होगा कुछ भी जैसा छोड़ आए हैं

परिन्दों का थके-हारे परों से लौटना घर को
अभी तक याद है हालाँकि कब का छोड़ आए हैं

मुसाफ़त में मुसाफ़िर को ज़ियादः भूख लगती है
मगर हम नाश्तेदानों का झोला छोड़ आए हैं

तो क्या तक़्सीम ही बुनियादे-पाकिस्तान ठहरी थी
हम इक टुकड़े की ख़ातिर मुल्क सारा छोड़ आए हैं

सफ़र के दिन हमारे दूध का इक दाँत उखड़ा था
ज़मीं में बीज के मानिन्द बोया छोड़ आए हैं

वो चिलमन जिससे आँसू ख़ून की सूरत टपकते थे
उसी चिलमन के पीछे एक चेहरा छोड़ आए हैं

जहाँ पर बैठ कर बरसों किसी की राह देखी थी
हम स्टेशन के रस्ते पे वो पुलिया छोड़ आए हैं

यहाँ आते हुए पहरों लिपट कर जिससे रोए थे
हम अपने घर में वो दीवारे-गिरिया छोड़ आए हैं

किसी के ख़्वाब को ताबीर की कुर्बत नहीं बख़्शी
किसी की मुंतज़िर आँखों को प्यासा छोड़ आए हैं

हमें रोता हुआ वो शख़्स अब भी याद आता है
जिसे हम बे सबब और बे इरादा छोड़ आए हैं

किताब-ए-ज़ीस्त की तरतीब अब तक ना मुकम्मल है
तुम्हारा नाम था जिस पर वो सफ़हा छोड़ आए हैं

वो जिस ने उम्र भर हम से बहुत सच्ची मुहब्बत की
उसे भी देके हम झूठा दिलासा छोड़ आए हैं

बिछड़ते वक़्त था दुश्वार उसका सामना करना
सो उसके नाम हम अपना संदेसा छोड़ आए हैं

ग़लतफ़हमी में उलझा रह गया वो फूल सा चेहरा
हम उसकी झील सी आँखों को ठहरा छोड़ आए हैं

हवा भी कोशिशें करके यक़ीनन थक चुकी होगी
वो इक तितली जिसे फूलों से लिपटा छोड़ आए हैं

हम उसकी "झील आँखों" में कई कंकर उछाल आए
हम उसके "फूल चेहरे" पर मुँहासा छोड़ आए हैं

यहाँ हम किस से रूठें कौन आएगा मनाने को
मना लेता था जो हमको वो अपना छोड़ आए हैं

सुनहरे ख़्वाब देखें भी तो आख़िर किस तरह देखें
कि सारे नींद के मौसम तो उस जा छोड़ आए हैं

बुरे लगते हैं शायद इसलिए ये सुरमई बादल
किसी की ज़ुल्फ़ को शानों पे बिखरा छोड़ आए हैं

चले तो आए हैं ख़्वाजा की बस्ती छोड़कर लेकिन
हम उस चौखट पे सर रक्खा का रक्खा छोड़ आए हैं

कभी लाहौर से हम देखते थे गोल्डेन टेम्पिल
बड़ी मजबूरियों में ये नज़ारा छोड़ आए हैं

कहाँ ढाका की मलमल और कहाँ ये खाल से कपड़े
तो क्या हम शौक़-ए-पैराहन भी अपना छोड़ आए हैं

तो फिर अपनी शुजाअत की कहानी क्यों सुनाते हैं
कि जब रावन के डर से आप लंका छोड़ आए हैं

लहू हमने बराबर से दिया था मुल्क की ख़ातिर
ख़रीदा था जिसे मंहगा वो सस्ता छोड़ आए हैं

हमें मालूम था घड़ियाल ही घड़ियाल हैं फिर भी
उसी तालाब में मछली का बच्चा छोड़ आए हैं

बहुत से ख़्वाब अब भी ख़ेमाज़न हैं ख़ुश्क आँखों में
बहुत सी लोरियों को आबदीद : छोड़ आए हैं

अगर सचमुच कोई पूछे तो उसको क्या बताएंगे
कि अपनी मस्जिदों को क्यों अकेला छोड़ आए हैं

किसी भी लफ़्ज़ की सेहत को आख़िर किस तरह परखें
कि सब अहले-ज़बाँ को हम इकट्ठा छोड़ आए हैं

यहाँ लफ़्ज़ों की ये जादूगरी ढूंढे नहीं मिलती
शरीफ़ों को नहीं छोड़ा शरीफ़ा छोड़ आए हैं

तसव्वुर में अभी तक गाँव आ जाए तो लगता है
कि हम ठंडी हवा का जैसे झोंका छोड़ आए हैं

सलीबों पर जहाँ सच्चाइयाँ अब भी नुमायाँ हैं
कई सदियों पुराना वो कलीसा छोड़ आए हैं

बहार आने से पहले ही चमन से हम चले आए
ख़िज़ाँ की ज़द पे पेड़ों को बरहना छोड़ आए हैं

बराबर के शराकतदार थे हम सारे भारत के
हमें क्या हो गया था क्यों ये साझा छोड़ आए हैं

वो इक शायर जो मुंसिफ़ भी था उर्दू का मुजाहिद भी
बरहमन होके कहलाता था "मुल्ला" छोड़ आए हैं

अभी तक क़ैद होंगी उनमें जाने मछलियाँ कितनी
हम अपनी झील में जो जाल अपना छोड़ आए हैं

कोई भी मसअला होता था जाकर पूछ लेते थे
बहुत पीछे इमारात-ए-शरीआ छोड़ आए हैं

बहुत एहसास होता है हमें अपने भटकने का
बहुत पीछे मगर अब हम तिराहा छोड़ आए हैं

कड़क लहजे की आदत अब ये मजबूरी हमारी है
यहाँ आते हुए बोली पुरबिया छोड़ आए हैं

हमारी बे-हिसी है आख़िरी स्टेज पर शायद
अब आँखें भी नहीं रोतीं सिसकना छोड़ आए हैं

अभी तक ख़्वाब में आते हैं कुछ रूठे हुए मंज़र
कई बहनों को यूँही बिन बियाहा छोड़ आए हैं

चहकते थे मुहल्ले भर में चिड़ियों की तरह दिन भर
चमन छूटा तो फिर हम भी चहकना छोड़ आए हैं

नदी को हम नदी कैसे कहें तौहीन होती है
हम अपने घर के बाहर शाख़े-दरिया छोड़ आए हैं

दसहरी और चौसा छूटने का दुख नहीं होता
क़लक़ तो सिर्फ़ इसका है सुन्दरिया छोड़ आए हैं

हमें तुम ख़ून दे दो हम तुम्हें दे देंगे आज़ादी
हम हिन्दुस्तान में ऐसा भी नेता छोड़ आए हैं

हमारा बाग़ दादा ने सलीक़े से लगाया था
जहाँ मिलता था हर मौसम में मेवा छोड़ आए हैं

गले में हाथ डाले घूमते थे मुख़्तलिफ़ मज़हब
वो काशी छोड़ आए हैं वो मथुरा छोड़ आए हैं

तिजारत अपना पेशा था मगर अब इसको क्या कहिये
अँधेरे को उठा लाए उजाला छोड़ आए हैं

अकेला छोड़ आए अपने साथी को हरीफ़ों में
समंदर के भरोसे पर मछेरा छोड़ आए हैं

नहीं सोचा था जो हमने वही सब हो गया आख़िर
जो मिल-जुल कर बनाया था वो ख़ाका छोड़ आए हैं

चहकती बुलबुलें भी अब वहाँ ख़ामोश रहती हैं
बहुत से बोलने वालों को गूंगा छोड़ आए हैं

गगनचुम्बी इमारत मुल्क में हम ही बनाते हैं
मगर हम हौज़े-मस्जिद टूटा फूटा छोड़ आए हैं

सुना है भूले भटके ही उधर आता है अब कोई
गली को इस क़दर मैला-कुचैला छोड़ आए हैं

कोई मेहमान आता था तो होती थी वहीं दावत
हम अपना ख़ानदानी वो बग़ीचा छोड़ आए हैं

थीं दादी जब तलक ज़िन्दा बराबर बड़बड़ाती थीं
खुदा ग़ारत करे गूलर का बिरवा छोड़ आए हैं

कोई आने लगे तो एक चुटकी ख़ाक मँगवा लें
वही जिसको समझ कर गर्द-ए-सहरा छोड़ आए हैं

कई दिन से मुसलसल ख़्वाब में आता है इक चेहरा
जो आकर ये बताता है कि क्या-क्या छोड़ आए हैं

मगर क़िस्मत का लिक्खा कैसे कोई टाल सकता है
हुआ जब उसकी जानिब से इशारा छोड़ आए हैं

चलो ऐसा करें मिल-जुल के रोना सीख लें हम सब
कि हम मिल-जुल के हँसना खिलखिलाना छोड़ आए हैं

लिपटना चाहती थी ग़ालिबन ख़ाके-वतन हम से
मगर करके उसे भी ग़र्क़-ए-दरिया छोड़ आए हैं

हम अपनी ये कहानी क्यों सुनाएँ सारी दुनिया को
कि हम मिट्टी को अपनी हस्बे-मंशा छोड़ आए हैं

अभी तक लौट जाने की तमन्ना सर उठाती है
कि हम जायस, नसीराबाद, तकिया छोड़ आए हैं

जहाँ रहते थे सदियों से मुहल्ला छुट गया हमसे
जहाँ पैदा हुए वो **शैख़वाड़ा** छोड़ आए हैं

बरसते पानियों में धूप तो अब भी निकलती है
मगर हम खिलखिला कर अपना हँसना छोड़ आए हैं

किसी के सर पे हम इल्ज़ाम भी तो धर नहीं सकते
हम अपनी ज़िन्दगी में ख़ुद ख़ला-सा छोड़ आए हैं

कहानी आँसुओं की ख़ूने-दिल से लिख तो सकते थे
मगर इस कारे-बेमसरफ़ का पीछा छोड़ आए हैं

हम अब ख़ुद ही सिमटते जा रहे हैं क्या समेटेंगे
हम अपनी उम्र की पूँजी को बिखरा छोड़ आए हैं

बता ऐ ज़िन्दगी अब और कितना साथ देना है
कि साँसें चल रही हैं और जीना छोड़ आए हैं

सियासत ने सुना है नाम तक उसका बदल डाला
वही हम जिसको कहते हैं बड़ौदा छोड़ आए हैं

कई होंटों पे ख़ामोशी की पपड़ी जम गयी होगी
कई आँखों में हम अश्कों का पर्दा छोड़ आए हैं

अब अपनी जल्दबाज़ी पर बहुत अफ़सोस होता है
कि इक खोली की ख़ातिर राजवाड़ा छोड़ आए हैं

हिना बिल्डिंग से अब्बू के लिए हम इत्र लाते थे
अभी तक कुछ महक है जो शमामा छोड़ आए हैं

वली की क़ब्र पर अब दौड़ती हैं क़ीमती कारें
मगर अब हमसे क्या मतलब कि सूबा छोड़ आए हैं

नई दुनिया की ख़ातिर अपनी दुनिया छोड़ दी हमने
सहारे की तमन्ना में सहारा छोड़ आए हैं

वो जिनकी बादशाहत और फ़क़ीरी साथ चलती थी
हम ऐसे बादशाहों को अकेला छोड़ आए हैं

बनाते हैं सफ़ें हम रास्तों पर इसलिए शायद
बहुत सी मस्जिदों को करके सूना छोड़ आए हैं

ज़मीनें रेहन रखकर आए हैं हम इक तिजोरी में
भँवर में अपने पुरखों का सफ़ीना छोड़ आए हैं

सियासत के बुने इक जाल में हम फँस गये आख़िर
मुहब्बत से बनाया घर का नक़्शा छोड़ आए हैं

बहुत कम दाम में बनिये ने खेतों को ख़रीदा था
हम इसके बावजूद उसपर बक़ाया छोड़ आए हैं

ये पूछो कितनी क़ब्रें छोड़ आए हैं बुज़ुर्गों की
ये मत पूछो ज़मीनें कितनी बीघा छोड़ आए हैं

किसी नुक़्सान की भरपाई तो अब हो नहीं सकती
तो फिर क्या सोचना क्या लाए कितना छोड़ आए हैं

ये दो कमरों का इक छोटा सा घर ही अपनी दुनिया है
कि इक मुद्दत हुई क़स्रे-तमन्ना छोड़ आए हैं

हवेली जंगली पेड़ों से अब तो घिर चुकी होगी
कि हम तो ख़ुद ही उसको लत्ता-पत्ता छोड़ आए हैं

ज़मींदारी की सारी रेत मुट्ठी से निकल भागी
जहाँ हाथी बँधा करते थे मलबा छोड़ आए हैं

ज़मीनें मुन्तक़िल करते हुए इक कोरे काग़ज़ पर
अँगूठा कब लगाया था अँगूठा छोड़ आए हैं

नई नस्लें सुनेंगी तो यक़ीं उनको न आएगा
कि हम कैसी ज़मीनें और ज़माना छोड़ आए हैं

जहाँ तक भी नज़र जाती थी सब अपनी ज़मीनें थीं
हम अपना दबदबा अपना इलाक़ा छोड़ आए हैं?

चले जाते थे अपनी छत से हम सारे मुहल्ले में
जो छत तक हमको पहुँचाता था ज़ीना छोड़ आए हैं

कई चेहरे अभी तक शम्मा-सूरत जल रहे होंगे
कई आँखों में ख़्वाबों का दफ़ीना छोड़ आए हैं

बुलाती थी हमारा नाम लेकर अपने पिंजड़े से
हमारे घर की रौनक़ थी जो मैना छोड़ आए हैं

उलटते ही वरक़ माज़ी के हमको याद आता है
कि शह्रे-संग में शीशे की गुड़िया छोड़ आए हैं

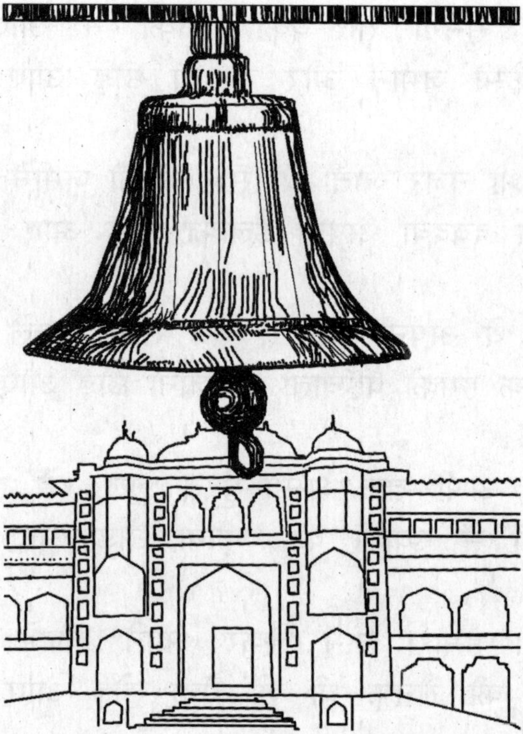

सुना है अब फ़क़त उन्वान है वो इक कहानी का
हवेली में जो हम पीतल का घंटा छोड़ आए हैं

सुना है ख़्वाब कतराने लगे हैं उसकी आँखों से
उसे जिस रोज़ से हम दिल-शिकस्ता छोड़ आए हैं

गुलाबों की जो क़लमें अपने आँगन में लगाई थीं
हवा के डर से उनको कँपकपाता छोड़ आए हैं

हमारे बाग़ में जंगल-जलेबी ख़ूब फलती थी
हम उसके पेड़ पर अपने को लटका छोड़ आए हैं

तसल्ली का कोई काग़ज़ भी हम चिपका नहीं पाए
चराग़े-दिल का शीशा यूँही चटख़ा छोड़ आए हैं

अगर लिखने पे आ जाएँ सियाही ख़त्म हो जाये
कि तेरे पास आए हैं तो क्या-क्या छोड़ आए हैं

कहाँ हम दश्तो-दरिया एक कर देते थे घोड़ों से
कहाँ तूफ़ान में अपना सफ़ीना छोड़ आए हैं

क्लासीकी ग़ज़ल ने जिस जगह तौक़ीर पाई थी
जिगर का शह्र यानी शह्रे-गोंडा छोड़ आए हैं

हमारे चाहने वालों में अक्सर ज़िक्र होता है
मुनव्वर नाम का दीवाना इक था छोड़ आए हैं

ग़ज़ल ये ना-मुकम्मल ही रहेगी उम्र भर **राना**
कि हम सरहद से पीछे इसका मक़्ता छोड़ आए हैं

दवा लेने को यूँ निकले कि वापस ही नहीं आए
हम इक अत्तार के ग़ल्ले पे नुस्ख़ा छोड़ आए हैं

दुकानें देखकर ग़ल्ले की अक्सर याद आता है
कि पिसने के लिए चक्की पे आटा छोड़ आए हैं

रफ़ू करने की हाजत जब किसी रिश्ते को पड़ती है
तो याद आता है हमको सूई धागा छोड़ आए हैं

यहाँ तो ख़ुशबुओं का कोई झोंका तक नहीं आया
वहाँ हम एक आलम को महकता छोड़ आए हैं

हमेशा सर्दियाँ आते ही हमको ध्यान आता है
कि हम तालाब में ढेरों सिंघाड़ा छोड़ आए हैं

वतन के छूटने का रंज तो हर इक को होता है
चलो उनसे भी कुछ पूछें जो ढाका छोड़ आए हैं

हर इक हिजरत का चेहरा दूसरी हिजरत से मिलता है
हर आँसू दूसरे आँसू से मिलता छोड़ आए हैं

हवा भी इस लिए दामन बचाकर हम से गुज़री है
उसे मालूम है हम नर्म झोंका छोड़ आए हैं

जो हम ने ख़्वाब देखा था वो सच्चा क्यों नहीं निकला
इसी ग़म में कई आँखों को भीगा छोड़ आए हैं

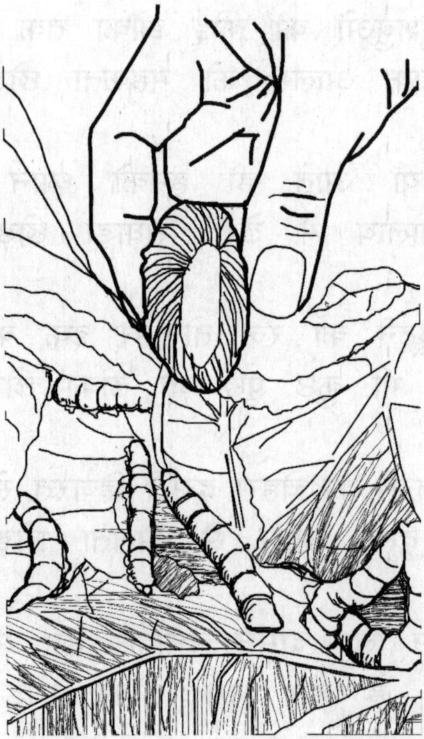

कई शहतूत के पत्तों पे ये तारीख़ लिक्खी है
कि हम रेशम उठा लाए हैं कीड़ा छोड़ आए हैं

बटेरें आज भी पाली में शायद लड़ रही होंगी
सलामत होगा तीतर का जो पिंजड़ा छोड़ आए हैं

कहा करती थीं बचपन में कि हम से दूर मत जाना
मगर हम अपनी अम्मी को अकेला छोड़ आए हैं

सुनहरे ख़्वाब की ताबीर अच्छी क्यों नहीं होती
जो आँखों में रहा करता था चेहरा छोड़ आए हैं

असर होता है क्या माँ की दुआओं में ये तब जाना
हम उसकी जब दुआओं का सहारा छोड़ आए हैं

मदद से इक दिये की माँ ने जो काजल बनाया था
उसे मिट्टी की इक प्याली में रक्खा छोड़ आए हैं

जनम जिसने दिया हमको उसे तो साथ ले आए
मगर आते हुए मय्या याशोदा छोड़ आए हैं

हमेशा उसके होटों से दुआ के फूल झड़ते थे
गली के मोड़ पर पागल जो बूढ़ा छोड़ आए हैं

किसी भी हाल में अपने वतन को छोड़ मत देना
हमारा हाल देखो घर हम अपना छोड़ आए हैं

कहाँ हम तितलियों के पर पे उसका नाम लिखते थे
कहाँ उस फूल को काँटों में उलझा छोड़ आए हैं

मुहर्रम में हमारा लखनऊ ईरान लगता था
मदद् मौला! हुसैनाबाद रोता छोड़ आए हैं

कोई प्यासा न रह जाए मुहर्रम के महीने में
तो क्या हम लखनऊ में ये भी जज़्बा छोड़ आए हैं

ज़रा सी शायराना हिस भी हम में क्यों नहीं जागी
कँवल के फूल को कीचड़ में लिथड़ा छोड़ आए हैं

ख़ुद अपने आप को हम सुर्ख़ुरु करने की ख़्वाहिश में
कई आँखों की झीलों को उबलता छोड़ आए हैं

कोई खोया हुआ होगा सुनहरे ख़्वाब में अबतक
किसी उम्मीद के कासे में वादा छोड़ आए हैं

अभी यादों के रोशनदान से छनता है वो मंज़र
कि हम इक चाक पर मिट्टी का प्याला छोड़ आए हैं

सड़क कच्ची थी लेकिन दोस्ती मज़बूत होती थी
हम ऐसे गाँव में रिश्ते का ख़ेमा छोड़ आए हैं

फ़क़त दो गज़ ज़मीं का शौक़ बाक़ी रह गया दिल में
ज़मींदारी का पुश्तैनी वो नक़्शा छोड़ आए हैं

मज़ारों पर अक़ीदत से वो आते हमवतन सारे
यहाँ किसको बताएँ हम कि मेला छोड़ आए हैं

न जाने कैसी कैसी बरकतें नाराज़ हैं हम से
न पूछो कैसा कैसा आसताना छोड़ आए हैं

न ख़ुश्बू नात की बाक़ी न लड्डू की महक बाक़ी
छुटा मोहसिन का काकोरी संडीला छोड़ आए हैं

वो अमरोहा जहाँ पर इल्म के चश्मे उबलते थे
उसे भी हम बनाकर एक नाला छोड़ आए हैं

वज़ू करते हुए बच्चे तिलावत में लगी चिड़ियाँ
बतख़ का एक जोड़ा भी नहाता छोड़ आए हैं

ये वह क़स्बे हैं जिनमें आज तक तहज़ीब पलती है
रुदौली, बाराबंकी, नानपारा छोड़ आए हैं

इन्हीं क़स्बों में सजती थीं अदब की महफ़िलें हर शब
इन्हीं क़स्बों में हम फ़न्ने लतीफ़ा छोड़ आए हैं

अभी तक हैं वहाँ पर ऐसी उर्दू .बोलने वाले
जिन्हें सुनिये तो लगता है सहीफ़ा छोड़ आए हैं

हमें मन्दिर की घंटी का तरन्नुम याद आता है
हमें दुख है कि हम उसको भी तनहा छोड़ आए हैं

मुहब्बत की कहानी को मुकम्मल कर नहीं पाये
अधूरा था जो क़िस्सा वो अधूरा छोड़ आए हैं

कभी जब सोच लेते हैं तो अबतक काँप जाते हैं
कि हम बारिश में मिट्टी का घरौंदा छोड़ आए हैं

बहा लाई हमें हिजरत की आँधी अजनबी घर में
जहाँ पैदा हुए थे वो ठिकाना छोड़ आए हैं

खड़ी हैं आज भी माँएँ दुआ के फूल की ख़ातिर
हम उनकी गोद में बच्चों को रोता छोड़ आए हैं

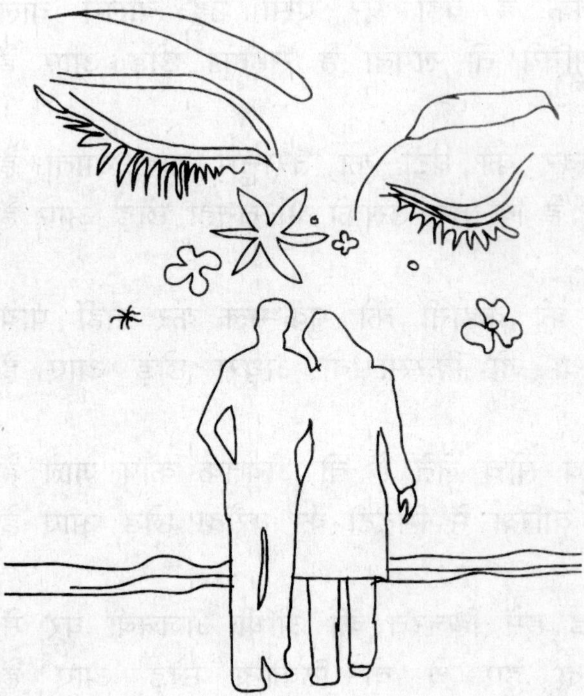

किसी का ख़ूबसूरत ख़्वाब इन आँखों ने देखा था
किसी रुख़सार पर वादे का बोसा छोड़ आए हैं

कुएं का मीठा पानी आज तक हमको बुलाता है
जिसे हम अपने आँगन में छलकता छोड़ आए हैं

अभी तक घर की निगरानी में वह मसरूफ़ रहता है
वो पहरेदार जिसको हम अकेला छोड़ आए हैं

खनकते थे ग़ज़ल के शेर जैसे साग़र-ओ-मीना
वो तेवर छुट गया हमसे वो लहजा छोड़ आए हैं

मज़ा आता था उर्दू का जहाँ की भोजपूरी में
वो छपरा छोड़ आए हैं वो बलिया छोड़ आए हैं

समन्दर तक हमारे हौसले की दाद देते थे
तो फिर क्यों हीर को पानी में डूबा छोड़ आए हैं

ये बटवारा नहीं था ये तो ना-समझी हमारी थी
धुँदलके के लिए घर का उजाला छोड़ आए हैं

सदाएँ जब तलक ज़िन्दा रहा पी की लगाता था
हम अपने सर पे जो उड़ता पपीहा छोड़ आए हैं

वो मन्दिर हो कि मस्जिद हो कि गिरजा हो कि गुरुद्वारा
जहाँ सब साथ रहते थे वो दुनिया छोड़ आए हैं

न लफ़्ज़ों में है शीरीनी, न लहजे में है शीरीनी
मिठाई तो चली आई है शीरा छोड़ आए हैं

वतन का छोड़ना शायद इसी से रास न आया
बिना देखे हुए हम इस्तेख़ारा छोड़ आए हैं

बजाए हक़ दिलाने के ख़ुद हिस्सा ले लिया हम ने
जो पाँसा फेंकना था हम वो पाँसा छोड़ आए हैं

किराये का ये कमरा ये गुज़रती ज़िन्दगी अपनी
वहाँ इतना बड़ा नौकर का कमरा छोड़ आए हैं

हमारी गोद में आने को बाज़ू तौलते बच्चे
उड़ानों के कबूतर पर शिकस्ता छोड़ आए हैं

हमारा रास्ता तकते हुए पथरा गयी होंगी
वो आँखें जिनको हम खिड़की पे रक्खा छोड़ आए हैं

महल से दूर बरगद के तले निरवान की ख़ातिर
थके माँदे हुए गौतम को बैठा छोड़ आए हैं

यहाँ सब कुछ मयस्सर है यहाँ हर चीज़ हासिल है
सभी कुछ है मगर पंजाब आधा छोड़ आए हैं

अधूरेपन का आओ मिलके कोई रास्ता ढूंढ़ें
चलो मिल-जुल के ढूंढें जो दुशाला छोड़ आए हैं

ये किसने खैंच दी है आके इक दीवार आँगन में
ये किसकी ज़िद में आख़िर सेहन अपना छोड़ आए हैं

वो ख़त जिसपर तेरे होंटों ने अपना नाम लिक्खा था
तेरे काढ़े हुए तकिये पे रक्खा छोड़ आए हैं

वहाँ बाबा फ़रीदे आज तक ख़ुशबू लुटाते हैं
तो क्यों दरबार साहब को अकेला छोड़ आए हैं

अभी तक गूंजते होंगे वो बल्हे-शाह के नग़मे
कि इक दरवेश को चौखट पे बैठा छोड़ आए हैं

मसाएल की इस अंधी कोठरी से किस तरह निकलें
नये सूरज को हम मशरिक़ में उगता छोड़ आए हैं

विदा इक-दूसरे की बेटियाँ करने का वादा था
मगर ये फ़र्ज़ भी आधा अधूरा छोड़ आए हैं

हमें उम्मीद है सब रफ़्ता रफ़्ता भर गये होंगे
वो जिन ज़ख़्मों पे हम मरहम का पर्दा छोड़ आए हैं

गये वक़्तों की अलबम देखने बैठे तो याद आया
हम इक चेहरे में अपना नाक-नक़्शा छोड़ आए हैं

बहुत मुमकिन था हम इक दिन यूँही वापस चले जाते
मगर हम नींद के आलम में चलना छोड़ आए हैं

बुआ कहते थे हम, अब्बू उन्हें दीदी समझते थे
उन्हों ने जो उढ़ाई थी चदरिया छोड़ आए हैं

गुज़ारिश करते करते रोंदिए थे चाहने वाले
सभी की इलतिजाएँ दस्त-बस्ता छोड़ आए हैं

सुना है गर्मियों में मिस्ल-ए-छतरी काम आता था
वो पौदा जिसको मिट्टी में ज़रा सा छोड़ आए हैं

जला करती थीं रोज़-ओ-शब जहाँ रिश्तों की क़िन्दीलें
हम ऐसी बस्तियों में घुप अंधेरा छोड़ आए हैं

रेआया थे तो फिर हाकिम का कहना क्यों नहीं माना
अगर हम शाह थे तो क्यों रेआया छोड़ आए हैं